R. von Krafft-Ebing

Die Melancholie

eine klinische Studie

R. von Krafft-Ebing

Die Melancholie
eine klinische Studie

ISBN/EAN: 9783744638913

Hergestellt in Europa, USA, Kanada, Australien, Japan

Cover: Foto ©ninafisch / pixelio.de

Weitere Bücher finden Sie auf **www.hansebooks.com**

DIE

MELANCHOLIE.

EINE KLINISCHE STUDIE

VON

PROF. DR. R. VON KRAFFT-EBING,
DIRECTOR DER STEIERMAERK. LANDESIRRENANSTALT BEI GRAZ.

ERLANGEN.
VERLAG VON FERDINAND ENKE.
1874.

HERRN

Dr. CARL PELMAN,
DIRECTOR DER ELSAESSISCHEN LANDESIRRENANSTALT
STEPHANSFELD

IN HOCHACHTUNGSVOLLER FREUNDSCHAFT

DER VERFASSER.

I. Die Melancholia sine delirio.

Pathogenese und Analogien: Die Grunderscheinung im melancholischen Irresein ist die einfache Gemüthsdepression, der psychische Schmerz in seiner elementaren Aeusserung, den wir, analog der Neuralgie der sensiblen Bahnen des Hirn-Rückenmarks, als eine psychische Neuralgie, als eine Neurose der sensorischen Centren der Corticalis des Grosshirns auffassen können.

Wie bei einem neuralgisch afficirten Nerven nicht nur die Erregbarkeitsschwelle für äussere Reize eine geänderte und leichter erreichbare geworden ist, und damit thermische, mechanische, athmosphärische Einflüsse, die im normalen Zustand nicht zur Geltung gelangen würden, Reizmomente und die Quelle des Schmerzes werden, sondern auch die fortdauernde Erregung der afficirten Nervenbahn durch innere Reize eine fortlaufende Quelle von spontanen Schmerzen bildet, so begegnen wir auch bei der psychischen Neuralgie einerseits einer abnormen Erregbarkeit gegenüber Reizen, andrerseits einer beständigen Erregung durch innere Vorgänge gestörter Ernährung und molekularer Veränderung.

Der ganze Unterschied zwischen beiden Lebenserscheinungen liegt nur in der funktionellen Verschiedenheit der afficirten Nervengebiete. Bei der Neuralgie sensibler Bahnen ist es ein Gemeingefühl, der körperliche Schmerz, der als Produkt der Erregung erscheint, bei der Neuralgie psychischer sensorischer Centren des Gehirns ist es eine Alteration des Bewusstseins, ein geistiger Schmerz, der in Aenderungen der Stimmung, der Gefühle seinen Ausdruck findet.

Zu der qualitativen Verschiedenheit des körperlichen und geistigen Schmerzes kommt die qualitative Verschiedenheit der diese beiden klinischen Erscheinungen beeinflussenden äusseren Reize. Bei der neuralgischen Affektion sensibler Leitungsbahnen und Centren sind es mechanische, thermische, athmosphärische Reize, die als äussere Erreger des Schmerzes wirken, bei der der psychischen Centren psychophysische, nämlich Sinneswahrnehmungen und Vorstellungen.

Beide Zustände haben wieder das Gemeinsame, dass Mitaffektion der motorischen Funktionen häufig ihre Folge ist. Der instinktiv angenommenen Unbeweglichkeit des neuralgisch afficirten Körpertheils entspricht die Willenlosigkeit oder schmerzliche Hemmung des von psychischem Schmerz Ergriffenen, den reflectorisch bedingten klonischen und tonischen Kämpfen bei der Neuralgie lassen sich als analoge Vorgänge die zwangsmässigen psychomotorischen Entladungen in Form triebartiger Unruhe, Impulsen zu zerstörenden Handlungen an die Seite stellen, die wir so häufig bei von psychischer Neuralgie Afficirten vorfinden.

Die innere Verwandtschaft beider Zustände gibt sich ferner dadurch kund, dass sie nicht selten zugleich mit einander sich vorfinden, ja selbst sich gegenseitig bedingen, insofern als ein neuralgischer Symptomencomplex bei besonders Disponirten sofort mit seinem Eintreten einen psychischen Schmerzzustand hervorruft, wie umgekehrt das Bestehen eines solchen gewisse sensible Bahnen in Miterregung versetzen kann. Solche Zustände sind als „Dysphrenia neuralgica" (Schüle) der Erfahrung geläufig und bekunden die innere Verwandtschaft neuralgischer und psychisch schmerzhafter Zustände, die noch in dem Mass wächst, als vielfach die gleichen Ursachen — erbliche Anlage oder neuropathische Constitution einer — Uterinleiden andrerseits diese Zustände hervorrufen.

Soviel zur einleitenden Verständigung über die psychopathischen Erscheinungen, deren Complex als Melancholia sine delirio hier besprochen werden soll. Während nun bei der Neuralgie die krankhafte Veränderung dem Bewusstsein einfach als körperlicher Schmerz erscheint, der keine weiteren Umgestaltungen erfährt und Folgen herbeiführt, ist es anders bei der psychischen Neuralgie, die der Ausdruck einer Ernährungsstörung des psychischen Organs selbst ist und nothwendig mit anderweitigen Funktionsstörungen desselben zusammenhängt oder solche herbeiführt.

Symptome. 1. Psychische. a) Im Gebiet des Fühlens: Dieser Zustand des psychischen Schmerzes gibt sich dem Bewusstsein als Verstimmung, als psychisches Wehesein kund, und da jenes ein einiges untheilbares ist, muss die ganze Gefühlslage, die ganze Stimmung eine schmerzlich veränderte sein. Diese Veränderung ist aber zunächst keine in der Aussenwelt motivirte, sondern durch innere Ursachen bedingte; nothwendig muss die Verstimmung demnach eine grundlose sein, der Kranke ist sich vorerst keines Grundes seiner Verstimmung und üblen Laune bewusst und eben deshalb erscheint sie ihm wie der sachkundigen Umgebung als eine krankhafte weil subjektive.

Im Bewusstseinsinhalt wie im klinischen Bild, unterscheidet sich diese krankhafte schmerzliche Verstimmung nicht von der motivirten Verstimmung des Gesunden. Eben deshalb wird sie auch von dem Laien, der eine vermeintliche äussere Ursache auffindet und nur die gleiche äussere Erscheinung ins Auge fasst, mit der letzteren oft verwechselt.

Diese schmerzliche Verstimmung besteht so lange, als die ursächliche Ernährungsstörung im psychischen Organ, das während ihrer Dauer unfähig ist, andere Gefühle als solche der Unlust zu erzeugen.

Wie bei anderen Neurosen beobachten wir aber einen Intensitätswechsel innerhalb des continuirlichen Verlaufs in Form von Exacerbationen und Remissionen, welch letztere vorwiegend in die Abendstunden fallen. Dieser Intensitätswechsel kann ferner ein typischer periodischer, der Verlauf selbst ein intermittirender sein, ganz wie bei anderen Neurosen. Die Ursache liegt wesentlich in der Intermittenz, Zu- oder Abnahme der die Psychoneurose bedingenden anatomischen Veränderungen im Gehirn, sie kann aber auch in äusseren und inneren Reizmomenten beruhen, in Vorstellungen, Sinneswahrnehmungen, Vitalempfindungen.

In den geringeren Graden des Leidens sind es zunächst schmerzliche Vorstellungen, die sich auf Grund der schmerzlichen Stimmungslage ganz spontan darbieten und eine Steigerung des psychischen Schmerzes hervorrufen. Auf einer 2. Stufe der psychischen Verstimmung haben selbst Vorstellungen die unter normalen Verhältnissen Gefühle der Lust erzeugen würden, diese Wirkung, auf der Acme des Zustands wird jeder psychische Vorgang, nicht blos das Vorstellen, sondern sogar die Sinneswahrnehmung zur Quelle psychischen Schmerzes. Wir können dann in Wahrheit von einem Zustand psychischer Hyperästhesie sprechen.

Nothwendig ergeben sich aus dieser schmerzlichen Verstimmung und widrigen Selbstempfindung Folgen für die Empfindungsweise der Aussenwelt. Diese ist nicht von der Qualität der Aussendinge, sondern von unserer jeweiligen Stimmung abhängig und insofern einem beständigen Wechsel unterworfen. In seinem schmerzlichen Bewusstseinszustand muss die Aussenwelt dem Kranken ebenso trüb, verändert vorkommen, wie der Spiegel derselben, sein Selbstbewusstsein sie aufnimmt. Diese **psychische Dysästhesie** ist eine weitere und ergiebige Quelle von psychischem Schmerz. Die schmerzliche Apperception der Aussenwelt äussert sich klinisch anfangs mehr in passiver Weise dadurch, dass der Kranke sich von ihr zurückzieht, welt- und menschenscheu wird, später activ, indem er sie feindlich angreift, wobei sich die Reaktion gegen Personen wie Sachen kehren kann. Zu diesen Quellen des psychischen Schmerzes kommt als weitere die Wahrnehmung des Kranken, dass er sich der über ihn hereingebrochenen Verstimmung in keiner Weise mehr entziehen kann. Wir können dieses Moment, zu dem sich bald besonders lästige, peinliche Gefühle von Hemmung des Vorstellens und Wollens gesellen, als Gefühl der **Ueberwältigung** bezeichnen.

Besonders quälend ist endlich die Wahrnehmung des Kranken, dass sich mit seinen Apperceptionen nicht mehr die gewohnten Gefühle der Lust oder Unlust verbinden, dass damit alle seine Beziehungen zur Aussenwelt andere oder unmöglich geworden sind, dass er gefühllos, gemüthlos geworden ist, sich über Nichts mehr freuen, aber auch über Nichts mehr betrüben kann. Diese **psychische Anästhesie** ist eine mächtige Quelle der Verstimmung und kann den psychischen Schmerz bis zum Unerträglichen, bis zur Verzweiflung steigern. Durch das schmerzliche Bewusstwerden des Defekts wird sie zur **Anaesthesia dolorosa**. Dass der Kranke sich über Nichts mehr freuen kann, hat einfach seinen Grund darin, dass er vermöge der Störung seines psychischen Apparats nur noch Gefühle der Unlust produciren kann; dass er sich über nichts mehr zu betrüben vermag, kommt daher, dass der Kranke subjectiv einen stärkeren Schmerz empfindet als der von Aussen veranlasste und somit auf diesen nicht mehr zu reagiren im Stande ist.

Der psychische Schmerzzustand gibt sich klinisch in allen Schattirungen der ganzen Skala von Gemüthsbewegungen bis hinauf zum Affekt der Verzweiflung kund. Die abnorme Erregbarkeit des psychischen Apparats (Hyperästhesie) zeigt sich in der Leichtigkeit, mit welcher Verstimmungen, Schwankungen der Gemüthslage bis zu den heftigsten Affekten erzeugt werden. Der Kranke erscheint damit reizbar, und indem der Laie den Zustand als einen physiologischen verkennt, beurtheilt er den Kranken als eigensinnig, boshaft; insofern der Zustand äusserlich nicht motivirten Intensitätswechsel zeigt, erscheint der Kranke launenhaft.

Auf dem Boden dieser schmerzlichen Verstimmung erheben sich nun Affekte; sie sind ganz spontane oder durch körperliche Missgefühle (Neuralgien) oder peinliche Apperceptionen und Vorstellungen vermittelt. Die Affekte sind einfach schmerzliche und projiciren sich als Langeweile, Traurigkeit, Verdriesslichkeit, Verzweiflung, oder sie sind schmerzliche Affekte der Ueberraschung (Verlegenheit, Verwirrung, Bestürzung, Schrecken, Beschämung) entstanden durch ein zufälliges äusseres Ereigniss oder durch eine plötzlich auftauchende reproducirte Vorstellung. Es ist bemerkenswerth und aus dem oben Angeführten erklärlich, dass selbst freudige Ueberraschung einen solchen schmerzlichen Affekt erzeugen muss.

Am häufigsten sind aber schmerzliche Erwartungsaffekte vorhanden, in Form objektloser Angst, Furchtsamkeit, Beklemmung.

b) Im Gebiet des Vorstellens: Bei der Melancholia sine delirio kommt es nicht zu Wahnideen, d. h. zu Störungen des Inhalts der Vorstellungen, wohl aber zu bemerkenswerthen Störungen in deren formalem Ablauf. Das schmerzliche Fühlen bedingt nothwendig einen schmerzlichen Vorstellungsinhalt, denn das Vorstellen steht unter dem Zwang der Stimmung, des jeweiligen Fühlens; nur solche Vorstellungen, die der Stimmung adaequat sind, vermögen sich im Bewusstsein zu halten. Hieraus ergeben sich nothwendig Störungen in der Association der Vorstellungen — das Vorstellen wird einförmig, und indem durch die Gewalt des psychischen Schmerzes auch die Ablaufsgeschwindigkeit der Vorstellungen verringert ist, kommt es zu jenem quälenden Bewusstseinszustand der Langeweile und Oede, der eine Hauptklage so vieler Melancholischer ausmacht. Es kann vorübergehend sogar zu einem Stillstand des Vorstellungsablaufs kommen, oder wenigstens zu einem zeitweisen Stagniren einzelner Vorstellungen im Bewusstsein (Zwangsvorstellungen) deren Inhalt ein bedeutungsloser, ebenso gut aber ein unheilvoller sein kann. Sie entstehen spontan als Produkt vorstellender Centren im Hirn, oder werden durch körperliche Missgefühle z. B. Neuralgien, oder durch Affekte im Bewusstsein fixirt, nicht selten aber auch durch den Reiz überwältigender oder der Stimmung adaequater äusserer Eindrücke. So finden sich zahlreiche Fälle in der Literatur, wo solche Kranke Zuschauer bei einer Hinrichtung, einem Mord oder einer Brandstiftung waren, oder den Selbstmord einer nahestehenden Person erfuhren, dieses überwältigenden Eindrucks sich nicht mehr zu entschlagen und schliesslich aus dieser Bewusstseinsklemme trotz allem Protest ihres Ich nur durch eine imitatorische Wiederholung der betreffenden That sich zu erlösen vermochten.

c) Im Gebiet des Wollens: Auch die motorische Seite des Seelenlebens, das Wollen und Streben ist bei dieser

Gruppe von Kranken tief gestört. Die peinliche Steigerung des psychischen Schmerzes durch jeden psychischen Akt setzt Trägheit, Vermeidung jeder Arbeit, Vernachlässigen der Berufsgeschäfte, Vor sich hin brüten, Neigung zur Abschliessung und Bettruhe, der Mangel an Selbstvertrauen lässt ein Begehren nicht mehr erreichbar erscheinen und verhindert sein Uebergehen in ein Streben; die gehemmte Lösung der psychischen Spannungen, die Schwierigkeit einer Umsetzung der Vorstellungen in Willensimpulse macht sich dem Kranken in peinlicher Weise als Willensschwäche, an der so viele Kranke dieser Gruppe leiden, geltend. Sie klagen, dass sie wollen möchten und doch nicht können. Die peinliche Beeinflussung der concreten, zu einem Wollen hindrängenden Vorstellung durch contrastirende, aus der Depression der Selbstempfindung hervorgehende und die Möglichkeit eines Erfolgs negirende, lässt den Kranken beständig zwischen Antrieb und Verzicht schwanken und gibt sich klinisch in jener Wankelmüthigkeit und Unentschlossenheit kund, die solche Kranke auszeichnet.

Diese schmerzliche motorische Hemmung löst sich dann nur temporär, wenn heftige Affekte sie überwältigen, wo dann ein stürmisches, quasi convulsivisches Handeln möglich ist (raptus melancholicus s. u.). Geringere Grade dieser instinktiv angestrebten motorischen Erleichterung äussern sich auch wohl als Unstetigkeit (melancholia errabunda) und Antriebe zu ganz zwecklosen und dem eigenen Interesse schädlichen Handlungen.

d) Symptome vom übrigen Nervensystem: Bei allen Melancholischen dieser Gruppe finden sich ausserdem geringe Ausdauer und Energie der Muskelaktion, zögernde Bewegungen, leise Rede, Schlaffheit und Schwäche der Muskulatur. Ausser den psychischen Momenten, die hier eingreifen, scheint diese Innervationsschwäche von gestörten Vitalempfindungen, geänderten Muskelgefühlen (Schwere,

Schmerzhaftigkeit) und gleichzeitiger allgemeiner Anämie abzuhängen. In der Regel ist der Schlaf gestört, durch schwere Träume unerquicklich. Die Kranken fühlen sich beim Erwachen abgeschlagen und ermattet. Kopfweh, neuralgische Sensationen im Rücken und den Gliedern, Palpitationen sind häufige Beschwerden. Bei weiblichen Individuen ist es namentlich die Menstruationszeit, während welcher diese Symptome heftiger auftreten und auch das psychische Befinden verschlimmert ist. Auch sonst zeigt sich vielfach ein Hand- in Handgehen spinaler sensibler Symptomencomplexe mit den psychischen Anomalien. Gewöhnlich finden sich Störungen des Appetits, Druck in der Magengrube, Anorexie, Stuhlverstopfung, Erscheinungen gestörter Ernährung, Anämie, die zum Theil eine Mitbetheiligung trophischer Nervencentren an der Psychoneurose vermuthen lassen.

Vorkommen und Verlauf: Ein solcher Zustand einfacher melancholischer Verstimmung ohne Delirium findet sich äusserst häufig als einleitendes Stadium des Irreseins, aber auch bei einer Reihe von Nervenaffektionen z. B. Hysterie und Epilepsie als elementare, intercurrirende Störung der psychischen Funktionen, bei durch Ausschweifungen erschöpftem Körper, durch Schicksalsschläge erschüttertem Gemüth; er ist wesentlich der Zustand in wissenschaftlicher Auffassung, den die englische Sprache als Spleen bezeichnet, der dem Krankheitszustand des Heimwehs, der Hypochondrie zu Grunde liegt, er findet sich bei hereditär belasteten Individuen als intermittirende, dann wohl auch periodische oder als continuirliche, selbst habituelle Psychoneurose. Nicht selten sind derartige Dysthymien in der Pubertätszeit, wo zu dem Gefühlsleben in inniger Beziehung stehende Funktionen sich zu regen beginnen und das Gleichgewicht des Seelenlebens erschüttern.

Begreiflicherweise entgehen solche Störungen des Gemüthslebens oft lange der Beobachtung, da der Kranke das Bewusstsein seiner Krankheit hat und wenigstens die äussere Ruhe zu erheucheln, seine Besonnenheit zu wahren im Stande ist. Solche Kranke finden sich unendlich häufig im öffentlichen Leben. Ihr düsteres Wesen, ihre Reizbarkeit, ihre unmotivirten Verstimmungen und Aenderungen der gewohnten Denk- und Empfindungsweise werden als Eigensinn, Launenhaftigkeit, Bosheit angesehen, und es finden sich gewöhnlich äussere Veranlassungen, die dafür herhalten müssen oder vom Kranken selbst vorgeschützte Gründe, um die angeblichen Launen, das Sichgehenlassen, die Faulheit, Vernachlässigung gewohnter Rücksichten und Pflichten zu motiviren. So geht es oft Monate selbst Jahre lang, bis eine Steigerung des Leidens und Complicationen mit Sinnestäuschungen und Wahnvorstellungen oder eine durch die Intensität der Wehgefühle, durch Zwangsvorstellungen oder sonstwie motivirte Gewaltthat oder ein Selbstmordversuch über die wahre Bedeutung des Zustands aufklären. Sehr häufig kommt es hier zu Selbstmord. Die nähere Motivirung kann eine verschiedene sein. Zuweilen ist das Gefühl der psychischen Depression so quälend geworden, dass ein Ende der Qual in der Vernichtung des eigenen Lebens, die nun als das geringere Uebel erscheint, gesucht wird, in andern Fällen ist es die psychische Anaesthesie, namentlich wenn sie zur dolorosa wird, die die Katastrophe begünstigt und herbeiführt.

Eine ganz chronische, wohl als constitutionelle zu bezeichnende Varietät dieser Melancholia sine delirio bildet sich nicht selten bei weiblichen Individuen aus, namentlich bei erblich Belasteten, wenn Störungen der Uterinfunktionen hinzukamen. Unter diesen sind Lageveränderungen des Uterus sowie Infarcte ätiologisch besonders wichtig. Von Aerzten, die nicht Specialisten sind, werden solche Fälle gewöhnlich mit der Hysterie zusammengeworfen, von den Laien und im socialen Leben in der Regel als Launenhaftigkeit und üble Charaktere missdeutet. Bei erblicher Belastung scheint die Gemüthskrankheit auch ohne Dazwischenkunft einer accidentellen Ursache sich entwickeln zu können und dann schon vor Eintritt der Pubertät Symptome zu machen.

Es findet sich klinisch eine habituelle üble Laune, ein stehender depressiver Affekt, der sich in Reizbarkeit, Unzufriedenheit, Zank- und Schmähsucht, Neigung zu übler Behandlung der Umgebung kundgibt. Das Vorstellen derartiger Patienten, die häufig genug für boshafte, zänkische Weiber, eifersüchtige Gattinen, herzlose, grausame Mütter (misopédie, Boileau de Castelnau) gehalten werden, ist beständig in den Zwang des schmerzlichen Fühlens gebannt; es besteht bei ihnen ein beständiger schmerzlicher Reproductionszwang, ihre psychische Dys- und Anaesthesie liefert ihnen nur widrige Eindrücke aus der Aussenwelt, sie sehen nur die Schattenseiten des Lebens und reagiren demgemäss in hämischer, feindlicher Weise gegen die Umgebung. Dass es sich bei derartigen Individuen nicht um blosse Charakterfehler, sondern um eine bedauernswerthe Krankheit handelt, beweist der exacerbirende und remittirende Krankheitsverlauf, das jeweilig stärkere Hervortreten der Symptome zur Zeit der Menstruation, die Klage der Kranken in freieren Zeiten, dass sie wider besseres Wissen und Wollen sich so negirend verhalten müssen, das temporäre Uebergehen des Leidens in ausgesprochenes, melancholisches Irresein durch Hinzutreten von Angstzufällen und Delirien, endlich das integrirende Mitgehen neuropathischer Symptomencomplexe mit den Paroxysmen scheinbarer böser Laune und Gereiztheit.

Die Prognose der Melancholia sine delirio ist eine günstige wenn sie nur den Charakter einer intercurrirenden temporären Störung hat. Sie kann sich rasch wieder zurückbilden, aber auch das Prodromalstadium einer complicirten Psychose darstellen und in eine solche übergehen.

Die chronische habituelle Varietät müssen wir nach zahlreichen eigenen Erfahrungen als unheilbar bezeichnen, indessen kommen hier bedeutende, selbst jahrelange Remissionen im Krankheitsverlauf vor, die gewöhnlich mit Besserung der Uterinfunktionen zusammenhängen.

Therapeutisch empfehlen sich ausser der Berücksichtigung einer sorgfältigen allgemeinen psychischen und somatischen Diätetik, der Beachtung anaemischer und neuralgischer Zustände, sowie etwaiger Uterinleiden, Hydrotherapie und subcutane Morphiuminjektionen. In ersterer Beziehung haben laue Bäder und nasskalte Abreibungen einen unläugbaren Nutzen; die Morphiuminjektionen wirken nur palliativ und solange das Centralnervensystem unter ihrem Einfluss steht. Diese Palliativwirkung wird selbst da nicht vermisst, wo der Zustand ein constitutioneller ist, und man erzielt hier nicht selten wochen- und monatelang eine Euphorie, die an eine Intermission des Leidens gränzt und den Kranken ihre Existenz zu einer ganz leidlichen macht.

Einige ausgewählte Krankengeschichten mögen, kurz skizzirt, dem Leser die Hauptzüge des in Rede stehenden Gemüthsleidens noch deutlicher machen.

Beobachtung 1. Constitutionelle Melancholia sine delirio auf erblicher Basis. Intercurrente Melancholia activa.

Fräulein L., 35 J., befindet sich seit 11 J. in der Irrenanstalt. Ihre Mutter war schwermüthig, Grosstante mütterlicherseits geisteskrank, Mutterschwester war nervös, litt an krankhafter Zornmüthigkeit. Pat. war von Kindheit auf kränklich; die Menses traten erst mit 20 J. ein, begleitet von Kopfschmerz und andern nervösen Symptomen, von denen Pat. nie mehr ganz frei wurde.

Die Spuren des jetzigen Leidens gehen auf das 12. Jahr zurück. Es überkam sie oft eine schmerzliche Verstimmung, eine Leere und Oede im Gemüth, ohne dass sich Pat. eines Grundes bewusst gewesen wäre. Sie musste sich dann vor der Umgebung verstecken und bitterlich weinen. Diese Gemüthsdepression wurde allmälig stationär, zeigte aber Remissionen und Exacerbationen. Pat. erzählt, wie die geringste Kleinigkeit sie alterirt, nichts ihr Freude gemacht habe, das Leben ihr ganz verleidet gewesen sei. Wenn sie Jemandes Tod erfuhr, musste sie immer denken, „schade, dass du es nicht bist."

Mit dem 25. Lebensjahre wurde die Gleichgiltigkeit und Traurigkeit noch heftiger. Pat. traute sich Nichts mehr zu, fühlte sich von Allem schmerzlich berührt, ertrug nicht das Zusammenleben mit Andern.

Ohne eine äussere Veranlassung steigerte sich dieser Zustand chronischer Gemüthsdepression zu einer Melancholia activa. In einem Angstanfall eilte sie auf die Strasse und schrie, die Häuser möchten über ihr zusammenstürzen, damit sie zu Grunde gehe. In der Irrenanstalt Sündenwahn, Selbstmordversuche, Teufelsvisionen, dämonomanischer Wahn, Nahrungsverweigerung.

Nach längerer Dauer ging dieser Zustand auf die Stufe der früheren melancholischen Verstimmung zurück. Pat. erzählt, wie sie allmälig die Besonnenheit und den Verstand wieder bekommen habe, ruhig und zur Arbeit wieder fähig geworden sei. Sie hat das volle Bewusstsein ihrer Krankheit und ihres Elends. Mit schmerzlicher Resignation erzählt sie, wie der Gedanke an Selbstmord sie unablässig quäle und ihre ganze sittliche Kraft erforderlich sei, um ihm zu widerstehen. Noch kein Tag sei ihr beschieden gewesen, wo sie ihres Lebens froh gewesen — selbst beim Tanz und Lustbarkeiten müsse sie immer denken, „ach wenn ich nur todt wäre." Manchmal komme ihr die Welt so trüb und grau vor, und wenn sie einmal in einem besseren Augenblicke zum Bewusstsein gelange, dass sie prächtig und schön, so rufe das nur umso mächtiger den Schmerz hervor. Mit Freuden würde sie jeden Augenblick das Leben verlassen. An Alles, was sie denke und thue knüpften sich Zweifel, innere Widersprüche und Selbstvorwürfe, selbst an ganz Gleichgültiges.

Das intellectuelle Leben der Patientin erscheint unversehrt. Sie beurtheilt ihren Zustand richtig und mit voller Resignation. Handarbeiten gewähren ihr Beschäftigung und Erleichterung. Sie ist sehr emotiv, zum Weinen geneigt. In ihrer grossen Herabsetzung ihres Selbstgefühls möchte sie am liebsten ihr Leben im Gefängniss beschliessen.

Mit der psychischen Verstimmung gehen anderweitige nervöse Störungen einher. Eine stehende Klage sind Kopfschmerz und Magenweh, vage neuralgische Schmerzen in den Extremitäten und Intercostalbahnen. Beide Symptomenreihen exacerbiren jeweils zur Zeit der Menses. Der Schlaf ist unruhig, hie und da zeigen sich auch Globusgefühle, wobei nach der Anschauung der Kranken der Kummer ihr in den Hals kommt. Eine wohl constitutionelle Anämie und Trägheit der Darmfunktion besteht seit der langen Zeit der Beobachtung unverändert fort.

Beobachtung 2. Chronische constitutionelle M. sine delirio auf erblicher Grundlage.

Josephine Dietrich, 40 J., leidet an chronischer constitutioneller Melancholia sine delirio auf hereditärer Basis. Vatersschwester hatte Nervenattaquen, Vater habe gezittert, sei arg wankel- und zornmüthig gewesen. Vatersbruder und Vatersvater waren gemüthskrank, 4 Geschwister der Kranken leiden sämmtlich an den Nerven und sind zeitweise gemüthskrank.

Das Leben der Pat. ist schon an der Wurzel vergiftet.

Als Kind schon war sie emotiv, oft traurig und verstimmt ohne Ursache. Mit dem ersten Eintritt der Menses im 16. J. Hysterie, die in Hysteroepilepsie (clonische coordinirte Krämpfe mit Bewusstlosigkeit) überging. Mit dem 22. J. verloren sich diese Zufälle. Pat. blieb neuropathisch (vage Neuralgien, Kältegefühle, Globusbeschwerden); ganz allmälig ging diese Neurose in die Psychose über, die unverändert bis heute besteht, in Remissionen und Exacerbationen sich bewegt.

Die Grundzüge dieses Leidens sind eine tiefe psychische Depression, ein beständiges psychisches Wehesein, ein peinlicher Zustand von Gemüthsbeklemmung. Parallel dieser psychischen Hyper- und Dysaesthesie gehen vage neuralgische Beschwerden in spinalen Bahnen, ein status nervosus, ein Zustand nervöser Unruhe. Die psychische Dysaesthesie äussert sich darin, dass die ganze Aussenwelt ihr trübe schmerzlich, widerlich erscheint. Selbst freundliche, wohlwollende Theilnahme ist ihr schmerzlich. Oft muss sie gegen ihr Wollen sich feindlich, negirend gegen die Umgebung, selbst ihre besten Freunde verhalten. Zugleich besteht ausgesprochene, psychische Anaesthesie — sie ist freudlos, das Leben hat für sie keinen Reiz, es ist ihr eine Last, der Tod eine willkommene Erlösung. Das Vorstellen ist nur formal gestört. Pat. hat keine Wahnideen, sie hat zugleich das Vollbewusstsein ihrer Krankheit. Der Umstand, dass sie sich so negirend verhalten muss gegen Alles, was den andern Menschen lieb und werth ist, erhöht ihren Schmerz. Das Vorstellen ist ganz abhängig von ihrem krankhaften Fühlen. Beständig kommen ihr trübe, quälerische Gedanken.

Auf dem Gebiet des Strebens besteht bei unsrer Kranken Interesselosigkeit, stumpfe Resignation und scheues zurückgezogenes Wesen. Zeitweise ändert sich indessen das Krankheitsbild.

Die Kranke wird unruhig, gereizt, reagirt feindlich gegen die Aussenwelt, verlangt ihre Entlassung, den Tod. Die Unruhe gibt sich in allerlei triebartigen, zwecklosen Handlungen kund. Diese Handlungen feindlicher zerstörender Art sind rein psychische Reflexactionen, analog dem spinal ausgelösten reflectorischen Krampf, den etwa eine Neuralgie vermittelt. Sie gehen unter der Schwelle des Bewusstseins durch, Pat. vermag sie nicht zu bemeistern. Sie sind ausgelöst, theils durch das Uebermaass der peinlichen, den Exacerbationen einer Neuralgie vergleichbaren Gefühle von psychischer Dys- und Anaesthesia dolorosa, theils durch präcordiale quälende Gemeingefühlsempfindungen (Angst), theils durch zwingende lästige Vorstellungen, in welchen momentan das schmerzliche Fühlen sich objektivirt. Solche Paroxysmen kommen anfallsweise. Mit dieser psychischen, reflektorisch sich entäussernden Hyperaesthesie gehen analoge spinale Hyperaesthesien einher — vage neuralgische Schmerzen, lästiges Ziehen und Kribbeln in den Extremitäten.

Der Schlaf ist unruhig, durch schreckhafte Träume gestört. Habituelle Stuhlverstopfung, constitutionelle Anaemie vervollständigen das Krankheitsbild.

Als das einzige Mittel haben sich Morphiuminjectionen bewährt. Sie wirken nur palliativ, aber während ihrer Wirkung besteht ein Zustand von relativem Wohlbefinden, für den die Kranke kaum Worte des Danks finden kann.

Besser wohl als alle klinische Analyse dürfte den Zustand von Melancholia sine delirio nachstehender Brief der Kranken illustriren, aus dem ich das Wesentliche nachfolgen lasse:

„Verzeihen Sie, dass ich so frei bin, Ihrem Wunsche zu entsprechen, da ich ziemlich unfähig bin, mich mündlich zu erklären. Die Gedanken sind ganze Schwadronen, sind meine Tyrannen und ich bin stets zum Denken getrieben.

Die verständigen Gedanken sind stets von den bösen unterdrückt. Die bösen sind so gewaltig; so zahlreich, verschieden und unbeständig als die Viertelstunden im Tag, Monat und Jahr und diese veranlassen zu ebensoviel Vorsätzen, die augenblicklich auszuüben ich fürchterlich getrieben bin. So z. B. jetzt will und muss ich sterben, ertrinken oder im Kohlenrauch ersticken. Diese und dergleichen Gedanken martern mich ohne Unterlass, doch wenn der schrecklichste Augenblick vorüber ist, so kann ich sie mit harter Mühe besiegen. Zweimal bin ich erlegen, ward aber noch glücklicher- oder unglücklicherweise geholt und arretirt. Ich ward sogar fürchterlich getrieben von einer leichtgläubigen Person, Wasser von einer todtkranken Nervenfieberleidenden zu trinken, weil ich glaubte, jetzt kann der Tod nicht fehlen, aber es war umsonst. Ich habe mich zur Zeit der Regeln ins frische Brunnenwasser gesetzt und dergleichen, aber ohne den gewünschten Erfolg. Ich habe fürchterlich bange, noch recht lange leben zu müssen, daher wäre es mir sehr erwünscht, wenn Sie mir ein Mittel gäben auf Tod und Leben. Würde mein Leben erträglicher werden, so wäre ich Ihnen immer dankbar, würde ich aber sterben, so wäre ich Ihnen während der ganzen Ewigkeit dankbar, denn die Leiden mit ihrer Verschiedenheit kann ich niemals aussprechen.

Die Sonne, die heiteren Gesellschaften und Ergötzlichkeiten sind mir lauter Tormenten. Sturm, Gewitter, Erdbeben, Finsterniss, Brand wären meine grösste Lust, wenn sie nicht immer vorübergingen. Niemals war ich glücklicher als während dem Bombardement (Strassburg). Ich leistete den Kranken und Verwundeten Dienste mit aller Ruhe und Ergebung, aber auch diesmal war es wieder vergeblich.

Auch in der besten Zeit bin ich in den allerschlimmsten Gedanken. Ich kann zwar vernünftig sprechen, aber nicht vernünftig denken, und äusserlich kann die meiste Zeit Niemand nichts davon merken. Ich fühle mich fast immer getrieben, etwas zu verüben, und weiss nicht, was ich verüben soll. Ich habe niemals keine Ruhe, weiss aber im Grund nicht warum? Die meiste Zeit kann ich Nachts nicht schlafen und habe ängstliche und verzweifelte Träume und ich schlage dann öfters drein im Schlaf. Ich bin sehr zum Schlagen geneigt, überhaupt sehr zum Zorn und zu Ungeduld gereizt. Manchesmal bin ich sogar sehr gereizt, die Menschen und selbst meine sehr geachteten Oberen mit Worten zu kränken und ihnen höhnisch zu begegnen und oft gereizt zu augenblicklichem Springen, wo ich mich nicht enthalten kann, dann habe ich wieder grosse Mattigkeit und schreckliche Schwermuth, wo ich nicht mehr von der Stelle mag. So auch mitten im Tag überfällt mich schwermüthiger Schlaf, wo ich zum Schlafen gezwungen bin, aber doch nicht lange schafen kann, und nach diesem Schlaf sind die Folterungen gewöhnlich noch schlimmer, ohne dass ich weiss warum. Dann fühle ich öfters zwischen diesen Leiden körperliche Unpässlichkeit, verschiedene Bresten und Toben in den Gliedern, die aber gar nichts sind im Vergleich mit den inneren Leiden. Doch habe ich jetzt gute Hoffnung, dass die Einspritzungen (Morphium), die Sie mir durch Ihre Güte zukommen lassen, immer die erschrecklichen Zeiten abkürzen und bedeutend vermindern, und ich bitte sehr höflich darum im Fall der höchsten Noth. Ich will Ihr gütiges Wohlwollen niemals missbrauchen. Ihre ergebenste Kranke Josephine Dietrich.

II. Die melancholische Verstimmung mit Präcordialangst.

Eine häufige Klage melancholisch verstimmter Kranker sind Zustände quälender, in der Herzgrube empfundener Angst, die mit peinlichen Gefühlen vor Druck und Beklemmung in den Präcordien verbunden ist (Präcordialangst). So häufig dieses Phänomen sich klinisch findet, so wenig sind wir im Stande das Wesen des Vorgangs befriedigend zu erklären. Auch in physiologischen Lebenszuständen ist Angst eine wohlbekannte Erscheinung. Eine drohende Gefahr, die Ungewissheit des Gelingens einer zu lösenden Aufgabe etc. erzeugen einen peinlichen Erwartungsaffekt, der sich ebenfalls mit Angst und lästigen Sensationen im Epigastrium verbindet, während umgekehrt die unerwartete befriedigende Lösung einer psychischen Spannung, das glückliche Gelingen einer zaghaft unternommenen Leistung Gefühle des Behagens und der Erleichterung im Epigastrium (Präcordiallust) hervorruft.

In welchem Zusammenhang stehen diese präcordialen Sensationen zu dem nicht näher zu analysirenden Bewustseinszustand der Angst? Sind sie etwa der Ausdruck einer Erregung peripherer sensibler Nerven, deren Erregungszustand zum Sitz des Bewusstseins fortgeleitet, dort Angst oder Lust erzeugt und wieder nach dem Entstehungsort excentrisch projicirt daselbst empfunden wird oder sind sie gleich der Angst der Ausdruck einer centralen Erregung gewisser, der Vermittlung von Gemeingefühlen dienenden Nervenbahnen, deren Erregung nach dem Gesetz der excentrischen Erscheinung an das periphere Ende der Leitungsbahn übertragen und dort localisirt wird?

Im ersteren Fall wären diese paraesthetischen und paralgischen Sensationen als die Ursache der Präcordialangst zu betrachten, im letzteren central ausgelöste aber peripher empfundene blose Mitempfindungen im Bereich gewisser Empfindungsnerven. Für beide Annahmen lassen sich Thatsachen auffinden. Wir sehen Präcordialangst mit Gefühlen von Druck und Beklemmung in den Praecordien sowohl bei Affektionen peripherer Nervengeflechte (plexus cardiacus, coeliacus) als auch durch rein-centrale Reize (beängstigende Vorstellungen, Sinnestäuschungen etc.) auftreten. Offenbar sind aber diese peripheren oder centralen Reize nur ein veranlassendes Moment, nicht die nächste Ursache der Erscheinung, denn eine neuralgische Affektion sensibler Nerven führt nur ausnahmsweise zu einer Belästigung des Bewusstseins im Sinn eines Angstgefühls, andrerseits können wir uns willkürlich den peinlichsten Vorstellungen hingeben oder hingegeben sein, ohne dass es zu Angst käme.

Sehen wir uns in der Erfahrung um, wo überhaupt Praecordialangst unter pathologischen Verhältnissen sich findet, so beobachten wir sie bei Nicotinvergiftung, bei Hydrophobie, bei Epilepsie, Hysterie, Hypochondrie, Melancholie, sowie bei gewissen visceralen Neuralgien (Angina pectoris, Cardialgie, Colik).

Die Umstände, unter denen Praecordialangst beobachtet wird, sind demnach sehr mannichfaltige. Eine auffällige Thatsache ergibt sich aber schon aus dieser noch ziemlich unklaren und allgemeinen Actiologie — Praecordialangst tritt nicht auf bei Erregung sensibler spinaler Nerven (Neuralgien), wohl aber bei solcher visceraler. Am intensivsten wird sie beobachtet bei der sog. Angina pectoris. Auch der vage und keine genauere Lokalisation gestattende Charakter der Affektion spricht für ihr Zustandekommen in visceralen Empfindungsbahnen.

Es fragt sich zunächst, in welchen Abschnitten des weit verzweigten, vorwiegend vom Sympathicus gebildeten visceralen Nervengebiets sie ihre Entstehung findet.

Alle Umstände sprechen dafür, dass der Entstehungsort der Praecordialangst das Herznervengeflecht ist. Ihre constante Lokalisation in der Gegend des Herzens (Praecordien), der Umstand, dass sie bei Neurosen des Herznervengeflechts am intensivsten auftritt (Angina pectoris), dass Nicotin, dessen hervorragender Einfluss auf das Herznervensystem bekannt ist, sie vorzugsweise hervorruft, dass mit der Praecordialangst anderweitige Funktionsstörungen in den Bahnen desselben fast regelmässig auftreten (Herzklopfen, Störung der Regelmässigkeit der Herzcontraktionen, Anomalien des Pulses, eigenthümliche durchfahrende Schmerzen, als Stich durch das Herz empfunden). — All' dies deutet darauf hin, dass wir im Herznervengeflecht die periphere Ursache der Praecordialangst zu suchen haben.

Bekanntlich setzt sich dasselbe zusammen:

1) Aus den excitirenden Fasern des Sympathicus, die theils direkt von dessen Halsganglien, theils von dem Gehirn kommen und durch Halsmark und gangl. cervic. infer. ziehend, ihren Verlauf zum Herz nehmen. Sie enthalten zugleich die vasomotorischen Nerven für die Gefässe des Herzens, sowie sensible Fasern.

2) aus den hemmenden Fasern des Vagus, der nebenbei, nach den Versuchen von Goltz am Froschherz, auch sensible Fasern für das Herz führt.

3) aus dem automatischen Herznervensystem, das in kleinen, im Herzmuskel gelagerten Ganglien seine Entstehung findet.

In welchen Bahnen dieser, den Plexus cardiacus bildenden Nerven vorzugsweise und durch welchen Vorgang die Praecordialangst entstehe, darüber lassen sich nur Vermuthungen gewinnen. Am meisten gerechtfertigt erscheint es, sie als eine vasomotorische Neurose des Herzens zu bezeichnen.

Auch hier dürften Aetiologie und klinische Erscheinungen der Angina pectoris, bei der das Symptom der Praecordialangst sich am intensivsten findet, einiges Licht verbreiten.

Bekanntlich sind die hauptsächlichsten Ursachen der Angina pectoris neben einer Praedisposition, die wir bei allen Neurosen zu supponiren haben, Circulationsstörungen im Herzmuskel, mögen sie nun durch Verfettung desselben, durch Atherose der Kranzarterien, bekanntlich einer der häufigsten Befunde bei Angina pectoris, oder sonstwie bedingt sein.

In einer gewissen Zahl der Fälle von Stenocardie fehlte ein solcher anatomischer Befund, so dass man sich genöthigt sah, auch eine nervöse Form derselben anzunehmen. Während man sich bis in die neueste Zeit bezüglich der Deutung dieser nervösen Stenocardie darüber stritt, ob sie als Hyperaesthesie oder Hyperkinese oder motorisch-sensible Neurose des plexus cardiacus aufzufassen sei, haben in neuerer Zeit Landois und Nothnagel Belege dafür beigebracht, dass in gewissen Fällen die Angina pectoris durch einen vasomotorischen Gefässkrampf bedingt sein dürfte, eine Ansicht, die schon früher Cahen ausgesprochen hatte.

Es haben die genannten Forscher nämlich Fälle mitgetheilt, wo die Angina pectoris im Gefolge eines allgemeinen arteriellen Gefässkrampfs auftrat. Diese Erfahrung legt die Vermuthung nahe, dass die Angina pectoris resp. die Praecordialangst der klinische Ausdruck eines die arteriellen Gefässe des Herzens befallenden Gefässkrampfs sein dürfte. Gehen doch häufig mit dem Anfall von Stenocardie kühle Hände und capillare Anaemie der Haut einher, finden wir doch eine mächtige Abhängigkeit des vasomotorischen Nervengebiets von Gemüthsbewegungen (Erblassen bei Schreck, Erröthen bei Scham, Zorn), zeigt doch die Erfahrung, dass die Herznerven sehr von diesen affektartigen psychischen

Bewegungen afficirt werden (Herzklopfen bei Gemüthsbewegungen).

So würde sich auch die Abhängigkeit der Angst von solchen psychischen Erregungen leicht erklären lassen. Dieser ursächliche vasomotorische Herzgefässkrampf könnte dann ausgelöst werden:

1) durch psychische Reize (schreckhafte Vorstellungen und Apperceptionen, Affekte), die durch die Bahnen des Vagus oder Sympathicus auf das Herzgeflecht übertragen würden. Eine Praedisposition für das Zustandekommen dieses Vorgangs dürfte die allgemein gesteigerte Erregbarkeit und das labile Gleichgewicht, in dem sich das centrale Nervensystem bei Hysterie, Epilepsie, Melancholie etc. befindet, bilden.

2) durch Irradiation von visceralen Neuralgien (Cardialgie, Colik) aufs Herznervensystem durch sympathische Bahnen, wodurch sich die thatsächliche Häufigkeit der Praecordialangst bei solchen visceralen Neuralgien erklären dürfte.

Zu Praecordialangst würde es somit dann kommen, wenn durch einen Vorstellungsreiz oder Uebertragung eines Reizzustandes in visceralen (sympathischen) Nervenbahnen die vasomotorischen Nerven des Herzmuskels in einen Zustand erhöhter Erregung gerathen und damit ein Gefässkrampf in der Muskulatur des Herzens hervorgerufen wird. Die dadurch gestörte Funktion der automatischen Ganglien des Herzmuskels wird von den sensiblen Muskelfasern des Herzens dem Sitz des Bewusstseins im Gehirn übermittelt und erzeugt dort das Gefühl der Angst, das an den Entstehungsort excentrisch projicirt wird. Der durchfahrende Schmerz, mit dem die Praecordialangst häufig in Scene tritt, sowie die anderweitigen Paraesthesien und Paralgien dürften ebenfalls der Ausdruck einer in Folge des Gefässkrampfs hervorgerufenen acuten Erregung sensibler Vagus-

und Sympathicusfasern des Herzgeflechts sein, während das begleitende Herzklopfen sich leicht aus der beeinträchtigten Zufuhr arteriellen Blutes zum Herzmuskel und der dadurch bedingten Innervationsstörung erklärt. Das Hinzutreten solcher Praecordialangstempfindungen zu dem Krankheitsbild einer Melancholia sine delirio ist eine häufige Erscheinung. Wir haben sie einfach als eine Complication der melancholischen Grundform, der Melancholia sine delirio aufzufassen, und nur aus praktischen Gründen erscheint es zweckmässig, das so modificirte Krankheitsbild durch einen besondren Namen (Melancholia praecordialis oder Dysthymia epigastrica Griesinger) auszuzeichnen.

Von tief eingreifender Bedeutung ist dieser Zuwachs an peinlichem Bewusstseinsinhalt durch die Angstgefühle für das Vonstattengehen der übrigen psychischen Funktionen. Die ohnehin depressive Stimmung steigert sich mit der Angst zu einer verzweiflungsvollen, die sich auch mimisch und gestikulatorisch als Affekt der Verzweiflung kundgibt. Nicht minder leidet die Apperception der äusseren Vorgänge unter diesem qualvollen Bewusstseinsinhalt. Es kommt acut zu completer psychischer Anaesthesia dolorosa, zu einer qualvollen Leere und Oede im Bewusstsein, einfach weil gegenüber diesem gewaltigen inneren Erregungszustand die äusseren Reize nicht mehr zur Geltung gelangen können, ein Zustand, der nicht selten temporär zu einer vollkommenen Aufhebung der Apperception der äusseren Vorgänge und zu der unklaren Vorstellung allgemeiner Nichtexistenz führt. Eine nothwendige Rückwirkung auf das Vorstellen ist eine Störung im Ablauf der Vorstellungen, indem derselbe momentan ganz sistirt ist und nur noch die qualvolle unbestimmte Vorstellung der Angst den Inhalt des Bewusstseins ausmacht, oder indem ein wirres Durcheinanderwogen peinlicher unbeherrsch- und nicht mehr associirbarer Vorstellungen das Vorstellungsfeld

erfüllt und nothwendig damit Verwirrung herbeiführt. In
den höchsten Graden des Angstanfalls kann es selbst zu
einer momentanen Aufhebung des Selbstbewusstseins kommen.
Nie fehlen bedeutende Wirkungen der Angst auf
die motorische Sphäre, die namentlich für die gerichtsärztliche
Praxis von Wichtigkeit sind.

In den niederen Graden der Praecordialangst treiben
sich die Kranken ruhelos und zwecklos umher, kleiden sich
an und aus, beginnen die und jene zwecklose Handlung
gleich wie der Gesunde, der von einem peinlichen Erwartungsaffekt
gefoltert, durch allerlei unmotivirte Handlungen,
z. B. Haarraufen, Umhertrippeln, Händeringen, Zerknittern
von Papier u. dgl. eine Lösung der psychischen Spannung
ganz instinktiv anstrebt. Je mächtiger und plötzlicher die
Praecordialangst das Bewusstsein überfüllt, desto stürmischer,
gewaltiger und zwangsmässiger werden diese psychomotorischen
Entladungen. Es kommt dann mit fortschreitender
Trübung des Bewusstseins zu allen möglichen zerstörenden
Handlungen, zu Mord, Selbstmord, Brandstiftung,
wuthartiger Zerstörung Alles dessen, was dem Kranken in
den Weg fällt, zu Handlungen, denen kein deutliches Motiv
mehr entspricht, die nur noch halbbewusst ausgeführt
werden, die nur noch der dunkle, instinktartige Drang motivirt,
durch irgend einen motorischen Akt (Bergmann's
Kranke, die sich die Augen aus der Orbita riss) eine Lösung
dieses qualvollen psychischen Spannungszustandes anzustreben.
Die jedenfalls hier psychisch bedingte und den
höheren Graden des Angstanfalls zukommende Analgesie
ermöglicht die schrecklichsten Selbstverstümmelungen.
Schon in den niederen Graden des Angstanfalls haben diese
erleichternden Thaten das Gepräge des Zwangsmässigen,
Triebartigen und in dem Mass, als das Bewusstsein sich
trübte und sie unter der Schwelle hemmender, bewusster
Vorstellungen hindurchgehen, erscheinen sie als wahre psy-

chische Reflexaktionen, analog den auf Reizung sensibler Nerven eintretenden Reflexbewegungen, nur mit dem Unterschied, dass dort Nervenbahnen von andrer Funktion und physiologischer Dignität den Vorgang vermitteln und an die Stelle einer Neuralgie oder sonst eines sensiblen Reizes als centripetalen Faktors eine affektartige Aenderung der Gefühle und Stimmung getreten ist. In den höchsten Graden handelt es sich um eine Art psychischer Convulsionen, vergleichbar jenen mächtigen motorischen Entladungen, die ein reflectorisch ausgelöster epileptischer Anfall darstellt. Nie fehlt nach solchem raptusartigem Wüthen eine bedeutende Erleichterung des Bewusstseins, die selbst bis zu einer Intermission der Angst gehen kann und einfach in der gelungenen Lösung eines unerträglich gewordenen Spannungszustands ihre Erklärung findet.

Mit diesen psychischen Symptomen des Angstanfalls gehen regelmässig bemerkenswerthe Störungen der Circulation und der Respiration einher.

Meist ist die Herzaktion beschleunigt, bis zu 120 Schlägen und darüber, seltener verlangsamt, dabei unregelmässig, der Puls klein, meist celer; nicht selten bestehen gleichzeitig eigenthümliche Sensationen in der Herzgegend, Gefühle, als ob das Herz durchstochen, abgedreht oder zusammengepresst würde. Ganz gewöhnlich ist Herzklopfen, ohne dass aber damit gleichzeitig objektive Zeichen einer gesteigerten Herzaktion bestünden. Bei kleinem zusammengezogenen Puls findet sich meist capillare Anaemie und dadurch kühle, blasse Haut; nur im Gebiet der Carotis externa findet sich häufig ein umgekehrtes Verhalten, congestive Hyperaemie, womit dann der oft geklagte Kopfschmerz zusammenhängen dürfte. Die Respiration ist gewöhnlich gehemmt, der Thorax verharrt längere Zeit in Exspirationsstellung, die Athmung ist eine oberflächliche und frequente, vorwiegend mit den oberen Rippen ausgeführte.

Nicht selten ist auch ein globusartiges Gefühl von Zusammenschnürung im Halse und eine eigenthümliche Unsicherheit der Stimme bis zum Versagen derselben, die wohl in einer geänderten Innervation der vom n. laryngeus sup. versorgten Stimmmuskeln begründet ist. Die Sekretionen sind während des Anfalls fast gänzlich unterdrückt; gegen Ende desselben tritt oft eine so reichliche Schweisssekretion ein, dass der Kranke im Schweisse wie gebadet erscheint, ebenso eine reichliche Entleerung eines wasserhellen Urins analog der Urina spastica.

Solche Angstanfälle bilden in der Regel die acuten Exacerbationen einer dauernden aber mässigen Praecordialbeklemmung, die mit dem klinischen Bild einer melancholischen Depression einhergeht und wie andre sensible Neurosen, einen exacerbirenden und remittirenden Verlauf aufweist, wobei unerklärter Weise die deutlichsten Remissionen fast ausnahmelos in die Abendstunden fallen.

In seltenen Fällen tritt die Praecordialangst als ganz acute, transitorische, selbstständige, elementare Psychoneurose auf (Raptus melancholicus). Das Vorkommen solcher Zufälle bei bisher psychisch Gesunden ist nicht zu bestreiten; dass aber solche Individuen nervenkrank oder einer bedeutenden Disposition zu Neurosen unterworfen waren, geht deutlich aus einer Sichtung der bezüglichen Fälle hervor. In der Mehrzahl derselben bestand Epilepsie oder waren die Individuen derselben verdächtig; es ist anzunehmen, dass in der Regel solche Raptus bei psychisch Gesunden auf epileptischem Boden entstanden und als transformirte epileptische Neurose (Epilepsia larcata) aufzufassen sind, worauf auch die Plötzlichkeit, Unmotivirtheit des Anfalls, die Raschheit des Verlaufs und grösstentheils sich findende Amnesie deuten dürften. Nicht selten gehen dem Raptus Prodrome voraus, wie gedrückte Gemüthsstimmung, Reizbarkeit, unbehagliche auraartige Gefühle im Epigastrium, motorische und psychische Unruhe, Aengstlichkeit, Kopfschmerz und Schwindel. Der eigentliche Anfall erreicht fast augenblicklich seine Höhe und selten sind die Fälle, wo solche Patienten noch die Umgebung vor sich warnen konnten. Wir können uns den Verlauf unter der Form einer steil ansteigenden und abfallenden Curve graphisch vorstellen. Die Dauer des raptus beträgt bis zu einer halben Stunde. Das Krankheitsbild deutet auf eine nur quantitative Steigerung der oben skizzirten einfachen Praecordialangst. Namentlich ist es die völlige Aufhebung des Selbstbewusstseins mit nothwendig daraus folgender Amnesie, die dem Paroxysmus ein charakteristisches Gepräge verleiht. Die psychomotorische Entladung der Spannung ist eine äusserst stürmische, man möchte sagen convulsivische, und erinnert ganz bezüglich ihres furchtbaren, zerstörenden Charakters an die explosiven Gewaltthaten der Epileptiker.

Der Verlauf der Melancholie mit Praecordialangst ist ein chronischer oder subacuter, die Vorhersage eine günstige, namentlich für die in der Pubertät, in hereditären Einflüssen, neuropathischer Constitution, Anaemie und Alkoholexcessen begründeten Fälle. Die Intensität der Angst und die Frequenz der Exacerbation mindert sich immer mehr mit eintretender Reconvalescenz. Nicht selten geht die Praecordialmelancholie in active Melancholie (s. u.) oder melancholischen Wahnsinn über, namentlich in Daemonomanie.

Bezüglich der Therapie verdient das Opium innerlich oder subcutan alle Beachtung und erzielt gerade bei dieser Varietät des melancholischen Irreseins die schönsten Erfolge. Es scheint, dass hier steigende und grössere Gaben am Platze sind; kleine, ängstlich bemessene Dosen schienen uns keine oder selbst eine verschlimmernde Wirkung zu besitzen.

Ein treffliches Adjuvans der Opiumbehandlung sind

laue Bäder, prolongirt bis zu einer Stunde Dauer. Die Antispasmodica und Nervinotonica weisen keinen rechten Erfolg auf, die Blausäurepräparate passen nur für ganz leichte Fälle.

Für die palliative und symptomatische Behandlung der Exacerbationen und raptusartigen Anfälle ist Inhalation von Aether, auch Chloroform oft von überraschendem aber ganz temporärem Erfolg. Nach ähnlichen Indicationen liesse sich Chloralhydrat sowie die Inhalation von Amylnitrit versuchen, dessen günstige Wirkung bei stenocardischen Anfällen neuerdings von Brunton, Leishman, Sanderson und Anstie hervorgehoben wurde.

Beob. 3. Melancholie mit Praecordialangst.

Fräulein H., 44 J., ohne erbliche Anlage zu Nervenkrankheiten, in der Jugend gesund, aber plethorisch und zu Kopfcongestionen geneigt, regelmässig menstruirt, wurde am 19. Juni 1873 in der Anstalt aufgenommen. Das gegenwärtige Leiden soll seit $3\frac{1}{2}$ Jahren bestehen. Ein durch 16 Jahre unterhaltenes Liebesverhältniss, das unbefriedigend endigte, scheint es hervorgerufen zu haben. Vor 3 Jahren, kurz nach einem fieberhaften Anfall von Ischias rheumatica stellte sich grundlose Verstimmung, psychische Depression und Reizbarkeit ein. Pat. wurde unverträglich mit der Umgebung, menschenscheu, launenhaft, unzufrieden, weinerlich. Eines Tages befiel sie plötzlich ein Gefühl von Bangigkeit, Furcht, Angst in den Praecordien, das sie in der Folge nie ganz verliess und zeitweise heftig exacerbirte. Dasselbe wird genau in der Herzgrube localisirt. Am intensivsten ist die Angst im Sommer, namentlich während der Menses, in der Rückenlage und des Morgens; im Winter, sowie an kühlen Tagen, ausser dem Bett, des Abends fühlt sich Pat. fast ganz frei davon. Die Angst ist ganz objektlos, Herzklopfen begleitet sie; dasselbe ist

besonders heftig, wenn sie sich auf die linke Seite legt. In
den Exacerbationen der Angst muss Pat. weinen, zieht sich
scheu vor der Umgebung zurück, leidet an quälender
psychischer Anaesthesie und Dysaethesie, Ohrensausen und
taedium vitae. Es lässt ihr dann keine Ruhe auf dem La-
ger, im Zimmer; sie muss sich Motion machen, darauf wird
es etwas besser. Bei Durchtastung der Intercostalnerven
fängt Pat. an in wachsende Angst zu gerathen, es ergibt
sich dabei ein Schmerzpunkt an der Ansatzstelle der 7.
Rippe am Sternum, wo selbst ein müssiger Druck sofort
quasi experimentell mimisch und psychisch die Angst zum
Ausbruch bringt. Das Gesicht wird dann bleich und ent-
stellt, die Kranke kommt in heftige ängstliche Erregung,
jammert, beginnt schwer zu athmen. Der Puls, sonst ziemlich voll und regelmässig, wird klein, unregelmässig und
frequent. Nach einigen Minuten kehrt die Praecordialangst wieder zu ihrer früheren mässigen Höhe zurück. Die
Herztöne sind rein, der Herzumfang nicht vergrössert, die
Lungen frei. Der Gesichtsausdruck leidend, die Ernährung
ziemlich schlecht, der Appetit wechselnd, Schlaf unruhig.
Im Uebrigen Status nervosus mit psychischer Depression und
Dysaesthesie. Laue Bäder und 2 mal täglich Injectionen
von Extract. opii aquos. an die Stelle des locus dolens
brachten grosse Erleichterung. Trotz der drückenden Juli-
hitze schwand die Praecordialneurose auf ein Minimum, so
dass Pat. wesentlich gebessert am 1. August die Anstalt
verlassen konnte. Der Schmerzpunkt war bei der Entlassung verschwunden, wie auch Angstzufälle von dieser Stelle
aus nicht mehr zu provociren waren.

Beob. 4. Melancholie mit Praecordialangst.

Holzmann Marie, 20 J., von einer neuropathischen Mutter
abstammend, war früher gesund, wenn auch schwüchlich.
Die Menses zeigten sich erst im 19ten Jahre, bald darauf

wurde Pat. chlorotisch, neuropathisch und die Menses cessirten. Um Ostern 1873 gelegentlich einer Missionsandacht Praecordialmelancholie, die nach 14 Tagen sich wieder verlor. Darauf psychisch gesund wenn auch chlorotisch und neuropathisch bis Anfang August. Um diese Zeit erschrack sie heftig bei der Mittheilung der Nachricht, ein Bürgersohn im Dorf, der ihr übrigens gleichgültig war, habe sich erhängt. Sofort gab es ihr einen Stich durchs Herz, die Praecordialangst war wieder da und sie musste beständig an den tragischen Vorfall denken, das Bild des Erhängten sich vorstellen. Zur Angst gesellte sich psychische Depression, quälende Unruhe, Unlust zur Arbeit, Drang durch Gebet und Umhertreiben sich Erleichterung zu verschaffen, Kopfweh, unruhiger Schlaf. Der Gedanke an den Erhängten wurde zur Zwangsvorstellung, die Pat. nicht aus dem Kopf bringen konnte. Sobald sie mächtiger sich geltend machte, war die Angst in der Herzgrube da, aber auch bei momentanem Freisein von dieser schreckhaften Vorstellung plagte sie die Herzensangst. Dieselbe war ganz grundlos, Pat. sich derselben als einer krankhaften vollkommen bewusst. Des Morgens litt sie am heftigsten daran, des Nachmittags wurde es ihr leichter, Abends war sie fast ganz frei davon.

Pat. ist eine gracil gebaute Persönlichkeit von normaler Schädelbildung. Ausser Chloroanaemie und herabgekommener Ernährung finden sich keine Erkrankungszustände. Der Puls ist 90, das Herz ohne Veränderungen. Es besteht keine Intercostalneuralgie.

Die Behandlung bestand in psychischer Ablenkung, lauen Bädern, Laudanum, mit dem bis auf 2 mal täglich 30 Tropfen gestiegen wurde und Darreichung von tr. ferri pomat.

Das Befinden besserte sich bald, namentlich nahm die Praecordialangst beträchtlich ab, jedoch kehrte nach längerer Zeit mit den jeweiligen Exacerbationen die Zwangsvorstellung des Erhängten, woran sich weitere Betrachtungen über Erhängen knüpften, wieder.

Ende August stellte sich die volle Reconvalescenz ein, vor deren Beendigung Pat. Anfang September von den Angehörigen zurückgeholt wurde.

III. Die Melancholie mit Wahnvorstellungen und Sinnestäuschungen.

Das melancholische Irresein geht häufig mit Wahnvorstellungen und Sinnestäuschungen einher. Sie gesellen sich einfach im Verlauf einer ursprünglich rein melancholischen Depression der Praecordialmelancholie hinzu und bezeichnen damit eine weitere Entwicklungsstufe des Leidens oder das melancholische Irresein beginnt, wie dies in den acuten und subacuten Fällen Regel ist, von vornehercin mit neben der Gemüthsdepression auftretenden Wahnvorstellungen und Sinnestäuschungen. Sehen wir uns nach den Entstehungsquellen jener um. Zunächst ist es die ver- änderte Selbstempfindung des Kranken, das Bewusstsein tiefer Erniedrigung des Selbstgefühls, der gebrochenen Kraft und Leistungsfähigkeit, die eine Erklärung verlangen und mit fortschreitender Bewusstseinsstörung diese nicht im subjektiven Moment der Krankheit sondern in wahnhaften Veränderungen der Beziehungen zur Aussenwelt, aus der wir ja gewohnt sind, die Impulse zu unsrem Fühlen, Vorstellen und Streben zu empfangen, finden lassen. Unterstützt wird diese Bildungsweise der Wahnvorstellungen wesentlich durch die tiefe Störung der Weltempfindung, die wir kurzweg als psychische Dys- und Anaesthesie bezeichnet haben und die dem Kranken subjectiv den thatsächlichen Beweis liefert, dass wirklich die

Aussenwelt eine veränderte Gestalt angenommen hat. In gleicher Weise bemerken wir, dass der Patient krankhafte Empfindungen seines eigenen Körpers, mögen sie nun visceralen oder spinalen Bahnen angehörige Hyper- oder Paraesthesien sein, als Material für den Aufbau von Wahnideen verwerthet, indem er jene im Sinn einer einmal concipirten Wahnvorstellung phantastisch umbildet oder interpretirt (hypochondrische Melancholie). Unter diesen krankhaften Empfindungen ist eine der fruchtbarsten für die Erzeugung von Wahnideen die so mächtig das Bewusstsein afficirende Praecordialangst. In gleicher Weise können abnorme Sensationen im Bereich der Geschmacks-, Geruchs-, Tastempfindung, selbst der Muskelempfindung Elemente für Wahnvorstellungen werden. Ein grosses Feld für die Genese von Delirien bieten ferner die Hallucinationen und Illusionen, die, gleich den durch äussere Reize vermittelten Sinneswahrnehmungen, dem Vorstellen beständig Inhalt und Richtung geben.

Nicht selten wirken mehrere dieser pathologischen Elemente zusammen zur Bildung einer Wahnidee. Was den Wahnvorstellungen, die auf den bisher angedeuteten Wegen entstanden sind, einen gemeinsamen Charakter gibt, ist der Umstand, dass sie sich wesentlich als Erklärungsversuch des afficirten und getrübten Ich gegenüber den abnormen Empfindungs- und Bewusstseinsvorgängen verhalten, dass sie demgemäss das Produkt der reflektirenden Thätigkeit des pathologisch veränderten Ich's sind, auf dem Wege der Association mit anderen Vorstellungen sich verknüpft haben und der so entstandene Wahn demnach als ein logisch gegliederter, systematischer erscheint.

So führt beispielsweise die tiefe Depression des Selbstgefühls und das Bewusstsein der geistigen Ohnmacht und körperlichen Leistungsunfähigkeit zum Wahn, nicht mehr den nöthigen Unterhalt zu gewinnen, verarmt zu sein, verhungern zu müssen; so bringt die psychische Dysaesthesie zu feindlicher Appreception der Aussenwelt und indem sich dazu vermeintliche verdächtige Blicke, verächtliche Geberden, beschimpfende Reden der Umgebung gesellen, zu Verfolgungswahn, der wieder, je nachdem hyperaesthetische oder paraesthetische Gefühle im Körper oder Störungen der Geschmacksempfindung dazu kommen, als electromagnetischer Verfolgungswahn oder Vergiftungswahn sich gestalten kann.

So führen namentlich die Praecordialangst und peinliche Erwartungsaffekte zum Wahn, dass wirklich eine Gefahr drohe und diese Vorstellung verdichtet sich dann bald zum Wahn, Gegenstand jesuitischer oder freimaurerischer Verfolgung zu sein, bald zu dem baldigen Todes, Vermögensverlustes, bald zum Wahn, wirklich ein Verbrechen begangen zu haben, wo dann eine frühere in der That begangene Gesetzesübertretung herhalten muss oder eine harmlose, gar nicht gesetzwidrige frühere Handlung oder Unterlassung zum scheinbaren Verbrechen in dem getrübten Bewusstsein sich gestaltet.

Nicht selten ist der aus psychischer Anaesthesie entspringende Wahn eigenen und fremden Untergangs, der selbst einen allgemein nihilistischen Charakter annehmen kann und namentlich, wenn er von einem früher religiösen Gemüthe als nun mangelnder Trost im Gebet, als Zerfallen sein mit der Religion empfunden wird, zum Wahn von Gott verstossen, der ewigen Seligkeit verlustig zu sein, mit secundär sich hieraus ergebenden Wahnvorstellungen verarbeitet wird.

Durchaus nicht immer sind aber hier die Wahnvorstellungen auf psychologischem Weg, d. h. durch Reflexion und Ideenassociation aus elementaren Störungen des Gemüths und aus Sinnesdelirien entstandene — wir haben allen Grund anzunehmen, dass sie auch vielfach als primäre, durch direkte Erregung vorstellender Bezirke der Hirnrinde (wie wir dies ja bei toxischen und febrilen Delirien alltäglich und ohne alle Gemüthsstörung beobachten) entstehen.

Diese Genese scheint vorzugsweise den aus degenerativer oder acut fieberhafter Krankheitsursache sich entwickelnden Fällen zuzukommen, wo Wahnideen nicht selten ganz primär, ohne alle emotive Grundlage, und von ganz abruptem, offenbar durch keine Association vermittelten, vielfach ungeheuerlichem und gar nicht einer etwa vorhandenen Gemüthsverstimmung entsprechendem Inhalt (Reichthum und Bestohlensein, Grössen- und Verfolgungswahn) vorzukommen pflegen. Diese Entstehungsweise scheint namentlich der Verfolgungswahn zu haben, der häufiger primär und unabhängig von Gemüthsverstimmung eintreten dürfte, als man bisher anzunehmen geneigt war und bei dem man vielfach den Eindruck bekommt, als sei die sich findende ängstliche Erregung und melancholische Verstimmung nur die Reaktion auf den primär entstandenen Wahn.

Dieser Wahn wird auch viel leichter assimilirt als der durch Reflexion gebildete, vielleicht deshalb, weil solche Krankheitsfälle auffallend häufig auf Grund einer originär abnormen Individualität sich entwickeln, gleichsam nur die weitere Entwickelung einer solchen zu pathologischer Höhe sind. Man hat deshalb solche Fälle genetisch als primären Wahnsinn angesprochen, da die emotive Grundlage zu fehlen scheint und für die Mehrzahl derselben dürfte auch diese Anschauungsweise die richtige sein. Ganz anders verhalten sich die gewöhnlichen, nicht originär veranlagten, durch Reflexion, als Erklärungsversuch der Verstimmung entstandenen Wahnvorstellungen zum Bewusstsein. Hier ist der Wahn vorläufig flüchtig, kommend und schwindend. Der Kranke steht im Anfang und in den Remissionen seines Leidens noch über ihm, corrigirt ihn selbst, lässt ihn sich ausreden, kämpft mit ihm und assimilirt ihn erst mit fortgeschrittener Bewusstseinsstörung, und nachdem derselbe durch beständige Wiederkehr und associatorische Verknüpfung mit andern Vorstellungen systematisirt ist. Erst dann kann aber von der sogenannten Form des Wahnsinns d. h. der Bildung eines neuen krankhaften Ich nach Verdrängung des früheren gesunden die Rede sein. Solange der Wahn noch nicht fix, nicht consolidirt ist, haben wir nur einen Melancholischen plus einiger Wahnvorstellungen vor uns.

Der Inhalt der melancholischen Wahnideen ist natürlich ein äusserst mannichfacher, der alle Varietäten menschlichen Kummers, Sorgens und Fürchtens in sich begreift.

Da er immer aus dem individuellen Bewusstseinsinhalt geschöpft wird, ist es natürlich, dass er je nach individuellem Reichthum des Seelenlebens, nach Geschlecht, Stand, Bildung, Zeitalter unendlich variirt, wenn auch gewisse stehende Sorgen und Befürchtungen der Menschen dem Delirium unzähliger Melancholischer aller Völker und Zeiten übereinstimmende Züge und Inhalt aufdrücken.

Sinnestäuschungen können bei Melancholischen in allen Sinnesgebieten auftreten, ja selbst den Kranken in eine ganz imaginäre Welt versetzen. Wie die Vorstellungen in der Melancholie einen feindlichen schmerzlichen Inhalt haben, ist auch der der Hallucinationen ein schreckhafter beängstigender.

Der im Wahn der Verfolgung, bevorstehender Einsperrung Delirirende hört z. B. Stimmen, er sei das Opfer einer Verschwörung, werde eingesperrt, gehe schrecklichen Martern entgegen; der sich von Gott verstossen glaubende religiös Melancholische hört Stimmen von Oben, die ihm seine Verdammniss, den Verlust seiner Seligkeit verkünden, die in Präcordialangst schmachtende Mutter hört die Stimmen ihrer hülferufenden Kinder und wähnt sie gemartert.

Ebenso schreckhaft sind die Visionen der Krahken. Sie sehen sich von Gespenstern, Teufeln umgeben, den Henker, der sie erwartet, Mörder, die sie bedrohen. Geschmackstäuschungen erzeugen den Wahn, dass im Essen Gift oder dass es verunreinigt sei, Geruchstäuschungen unangenehmer Art, den Glauben von Leichen umgeben zu sein, im Schwefelpfuhl der Hölle sich zu befinden; neuralgische Sensationen in den Gliedern den Wahn von Unsichtbaren magnetisirt, elektrisirt, überhaupt physikalisch gemartert zu werden.

Dem im Zustand heftiger Angst befindlichen und von Verfolgungswahn gefolterten Kranken verwandelt sich die Umgebung in erbitterte Feinde. In harmlosen Geberden derselben sieht er lebensgefährliche Bedrohungen, in ihren Blicken liest er Gefahr und ein geheimes Einverständniss einer gegen ihn gerichteten Verschwörung, ganz bedeutungslose Worte oder Geräusche wandeln sich ihm in Drohungen, Beschimpfungen, Verläumdungen, Spott und Hohngelächter um.

Die Sinnesdelirien sind eine reiche Quelle für theils äusserlich ganz unmotivirte, theils gefährliche Handlungen der Melancholischen. Nicht selten ist Selbstmord oder Mord die direkte Folge „imperativer" Hallucinationen oder indirekt als verzweifelter Akt der Nothwehr gegenüber imaginären Verfolgungen. Nicht selten beruht auch die Stummheit und Nahrungsverweigerung solcher Kranker auf göttlichen oder profanen Stimmen, die das Sprechen oder Essen verbieten.

Was Dauer und Verlauf der Melancholie mit Wahnvorstellungen betrifft, so dauert sie kaum länger als Wochen oder höchstens einige Monate, indem entweder die Sinnesdelirien verschwinden, die Wahnideen corrigirt werden und die Reconvalescenz sich anbahnt oder indem die Wahnvorstellungen stationär werden und dauernd das Bewusstsein fälschen. Im ersteren Fall bildet die Melancholie mit Wahnvorstellungen ein den Verlauf des melancholischen Irreseins abschliessendes Krankheitsbild, eine Form des Irreseins, im letzteren ein Durchgangsstadium zu anderweitigen Formen desselben, zu melancholischem Wahnsinn oder secundären Schwächezuständen.

Je nach der verschiedenen Betheiligung der psychomotorischen Sphäre lassen sich 2 klinisch wichtige und äusserst scharf sich von einander unterscheidende klinische Varietäten der Melancholie mit Wahnideen aufstellen.

Die der Melancholie eigenthümliche, in psychischen Missgefühlen, Verlangsamung des Vorstellungsablaufs, gehindertem Umsatz der Vorstellungen in Bewegungsanschauungen und Willensimpulse begründete Störung der centrifugalen Seite des Seelenlebens, die sich klinisch als Energie- und Willenlosigkeit, Unschlüssigkeit und Unthätigkeit kundgibt, kann bis zu einer vollständigen Hemmung der psychomotorischen Leitung sich steigern (Melancholia passiva). Der Kranke, obwohl sein Bewusstsein der Schauplatz der qualvollsten Affekte, Vorstellungen und Sinnesdelirien ist, vermag sie nicht mehr in einer erleichternden That zu lösen, der quälenden inneren Spannung Luft zu machen, sei es weil das Gegengewicht hemmender Vorstellungen zu gross ist, sei es weil die treibende Vorstellung zu dämmerhaft im Bewusstsein erscheint, um als genügender Reiz zu wirken und der Leitungswiderstand auf der psychomotorischen Bahn ein zu grosser geworden ist. Für diese Vermuthung spricht wenigstens die Thatsache, dass diese Zustände immer mit einer ziemlich bedeutenden Bewusstseinsstörung einhergehen, dass ferner die wenigen dennoch zu Stande kommenden Bewegungen äusserst langsam, ruckweise ausgeführt werden, ja die intendirte Bewegung nicht selten nur begonnen, nicht aber vollendet wird oder nur zur Ausführung gelangt, wenn ein wiederholter Impuls von

Aussen ertheilt wurde. Selbst auf die Befriedigung der einfachsten Bedürfnisse wird dann wohl verzichtet, der Kranke bleibt im Bett oder in einen Winkel gekauert und reagirt schliesslich kaum mehr auf äussere Vorgänge (Melancholia stupida). Die Muskelinnervation kann in diesem Zustand ein zweifaches Verhalten darbieten. Entweder sind die Glieder gebeugt, indem durch ungenügende Innervation der Extensoren die im normalen Zustand schon überwiegende, Thätigkeit der Flexoren einseitig zur Geltung kommt, — oder die Muskulatur bietet das eigenthümliche Bild der kataleptischen Starre, d. h. die Glieder sind biegsam, nach Belieben in jede Lage zu bringen, behalten aber während längerer Zeit die Stellung bei, die ihnen durch fremde Intervention gegeben wurde. Selbständig jene zu ändern ist der Kranke dabei unfähig und erst der allmälig sich geltend machende Zug der Schwere bringt die Glieder in eine andere Stellung.

Man hat diese Eigenthümlichkeit der Muskelinnervation als Flexibilitas cerea und die melancholischen Zustände, die sie bieten, als Melancholia attonita bezeichnet.

Da wo diese Flexibilitas in der M. passiva fehlt, beobachtet man nicht selten einen, wohl activen aber kaum bewussten Widerstand gegen passive Bewegungsversuche, der wohl durch dämmerhafte feindliche Appreceptionen der Aussenwelt veranlasst ist. Es gelingt dann nur mit Aufbietung grosser Kraft die Muskelcontrakturen zu lösen.

Ganz im diametralen Gegensatz zu diesem Verhalten des Bewegungsapparats bei der Melancholia passiva erscheint das Krankheitsbild der Melancholia activa, d. h. melancholischer Zustände, wo die innere Spannung so intensiv ist, dass sie die Hemmung überwindet, die innere Angst und Unruhe sich in körperlicher Unruhe zu entäussern vermag, wo sich der Kranke jammernd, händeringend, unstet umhertreibt und in beständiger Ortsveränderung und in Reaktion auf den psychischen Schmerz eine momentane Erleichterung instinktiv sucht und findet.

Bei der klinischen Prägnanz dieser beiden Krankheitsbilder und ihrer praktischen Wichtigkeit scheint es geboten, eine Skizze derselben zu versuchen.

Die Melancholia passiva.
(Melancholia attonita. M. cum stupore).

Die Kranken sind hier ganz in sich versunken, denn das Bewusstsein ist tief gestört und die Apperceptionen kommen nur noch dämmerhaft oder gar nicht mehr zu Stande. Motorisch bietet der Kranke mehr Aehnlichkeit mit einer Statue als einem belebten Wesen, denn ausser einem leichten Bewegen der Augenlider finden sich oft mehrere Minuten lang keine motorischen Akte, ja sogar die Bewegungsanschauungen scheinen ihm abhanden gekommen zu sein. Es besteht musculaere und cutane Anaesthesie und Analgesie; die Reflexerregbarkeit ist aufgehoben, nur die vegetativen und die automatischen Funktionen der Respiration und Circulation und erhalten, jedoch ist das Athmen oberflächlich, die Herzthätigkeit schwach und daraus erklärt sich wohl die Kleinheit und Weichheit des nicht selten erheblich verlangsamten Pulsschlages, die venöse und capillare Ueberfüllung der Hautgefässe, Kälte, Cyanose und Neigung zu Oedem der Haut. Die Haltung des Körpers ist schlaff, Rumpf und Glieder in leichter Flexionsstellung. Das Auge ist starr ins Weite gerichtet, nicht selten mit dem Ausdruck ängstlichen Staunens.

In etwa dem Drittel dieser Fälle von Melancholia passiva findet sich das bei Hysterie, Epilepsie, auch bei Dementia dann und wann vorkommende Symptom der Katalepsie. Dasselbe dürfte schwer zu erklären sein. Erfahrungen bei nicht psychisch Gestörten, die es boten, wiesen eine jeweilige Coincidenz mit muskulärer und cutaner

Anaesthesie und Analgesie auf, zugleich mit Willenslähmung im Bereich der von Katalepsie ergriffenen Muskeln, so dass weder aufgetragene Bewegungen ausgeführt, noch passiv vorgenommene bewusst werden konnten. Unstreitig ist es das aufgehobene Muskelgefühl, das den Ermüdungsschmerz hintanhält und so ermöglicht, in den unbequemsten Stellungen ungewöhnlich lange auszuhalten, dass aber trotzdem bei dem thatsächlichen Fehlen der bewussten /Innervation das Glied nicht sofort dem Gesetz der Schwere folgt, ist damit nicht erklärt. Es bleibt hier nichts übrig, als eine unterhalb der Bewusstseinssphäre, automatisch oder reflectorisch irgendwo in der cerebrospinalen Bahn vor sich gehende fortgesetzte Innervation des katalepischen Muskelgebiets zur Erklärung anzunehmen.

Ueber die inneren psychischen Vorgänge während dieses eigenthümlichen Zustands gibt die Beobachtung wenig Aufschluss, dagegen belehren uns die Berichte Genesener über den melancholischen Charakter des Leidens. Das innere psychische Leben war den meisten derartigen Kranken zu einem wahren Dämmerzustand geworden, in welchem sie die objektiven äusseren Eindrücke nur noch ganz confus und schreckhaft empfanden. Eine schreckliche innere Angst nahm Bewusstsein und Sinne gefangen und machte jegliche motorische Entäusserung unmöglich, wobei das peinliche entsetzliche Gefühl des Nichtmehrkönnens, Nichtmehrwollens die Angst noch verzehnfachte. Ein schreckhaftes verworrenes Bild von Qualen, Hinrichtung, Untergang der Welt mit entsprechenden qualvollen Visionen und Stimmen versetzte die Kranken in eine imaginäre hallucinatorische Traumwelt.

In den höchsten Graden dieses Zustands kann die psychomotorische Gebundenheit soweit gehen, dass der Kranke äusserlich das Bild eines stupiden Blödsinns darbietet, und von ältern Beobachtern (Georget, Esquirol,

Ellis) ist wiederholt diese melancholia stupida als stupidité mit primären Blödsinnszuständen zusammengeworfen worden. Die unterscheidenden Merkmale liegen darin, dass bei Mel. cum stupore die Erkrankung nicht selten acut und primär, besonders bei weiblichen Individuen oder nach epileptischen Anfällen auftritt, dass hinter der Maske stupiden Staunens ein schmerzlicher Gesichtsausdruck anstatt des nichtssagenden des Blödsinns sich findet, dass der Schlaf fehlt, der Widerstand gegen passive Bewegungen gross ist oder die Muskeln von jener eigenthümlichen flexibilitas cerea befallen sind, die Nahrung verweigert wird, die Kranken rasch abmagern, endlich der Zustand Remissionen macht oder in Aufregung momentan umspringt, in welcher raptusartige Selbstmorde möglich sind. Nicht selten geht dieser melancholische Stumpfsinn allmälig und unvermerkt aber in wirklichen Blödsinn über, indem der Affekt erlischt und ein tiefer Zerfall des Seelenlebens sich ausbildet. In der Regel dauert diese Phase der Krankheit nicht länger als einige Monate. Die Genesung kann eine plötzliche sein, gleich dem Erwachen aus einem tiefen Traum, doch kommt es wohl auch zu einem tödtlichen Ausgang auf der Höhe der Krankheit und es bildet sich ein fortschreitender Marasmus, der wieder durch Darmcatarrh oder Lungentuberkulose bedingt sein kann, zuweilen auch als fortschreitende und schliesslich die Centren der Respiration und Circulation ergreifende Innervationslähmung sich kundgibt. Zuweilen aber nicht immer finden sich bei der Autopsie dann die Zeichen venöser Stase und Oedem des Gehirns und seiner Häute. Die Therapie älterer Praktiker, die Drastica und Vesicatore empfahlen, verdient bei chronischem Verlauf und gutem Allgemeinbefinden Beachtung.

Beob. 5. Agathe Arnold, 25 J., ledig, Dienstmagd, ohne erbliche Anlage, von normaler körperlicher und geistiger Entwicklung, seit dem 16. Jahre regelmässig menstruirt, erkrankte im Mai 1867 in Folge einer nicht erfüllten Heirathsaussicht an Melancholie, verliess ihren Dienst, trieb sich zwecklos umher und wurde polizeilich in die Heimathgemeinde eingebracht. Sie blieb noch 3 Wochen in häuslicher Pflege, meist zu Bett, sehr scheu, in sich gekehrt, einsilbig, ängstlich, ihrer Krankheit sich bewusst und mit Beten beschäftigt. Am 29. Juli bei der Aufnahme in der Irrenanstalt Bild einer melancholischen Depression mit grosser Gebundenheit der motorischen Funktionen. Sie war stumm, behielt aufgedrungene oder sonstwie angenommene Stellungen längere Zeit bei, bewegte sich überhaupt gar nicht oder nur auf äusseren Anlass, musste zur Befriedigung der gewöhnlichsten Bedürfnisse angehalten werden. Mit Ausnahme der fehlenden flexibilitas cerea bot sie wesentlich die Erscheinungen der Melancholia c. stupore. Die Miene hatte einen ängstlich staunenden Ausdruck und glich, unberührt von äusseren Einflüssen, einer Maske. Aus den spärlichen Aeusserungen der Kranken ergab sich ein sehr schmerzlicher aber nicht weiter aufzuklärender Vorstellungsinhalt; Hallucinationen wurden nicht beobachtet.

Körperlich fanden sich mässiger Grad von Anaemie Trägheit der Circulation und Cessation der Menses seit 3 Monaten. Die Behandlung der Kranken stiess auf grossen passiven Widerstand, zum Essen musste sie beständig genöthigt werden, zuweilen war sie unreinlich. Unter dem Gebrauch von lauen Bädern, durch psychische Anregung, Anhaltung zu leichter Arbeit, Hebung der Hautthätigkeit und Circulation durch Senfbäder löste sich im Lauf des September die motorische Gebundenheit, die Kranke fing an zu arbeiten, die schmerzliche Spannung verlor sich, sie theilte mit, dass sie an beständiger vager Furcht gelitten, in einem Kerker sich geglaubt, die Umgebung für abgeschiedene Seelen gehalten habe. Durch die Furcht sei sie in ihren motorischen Aeusserungen beständig gehemmt gewesen. Jetzt sei ihr wohl und frei. Sie arbeitete von früh bis spät, war heiter und zufrieden, erholte sich körperlich mit Hülfe eines enormen Appetits und guter Nahrung rasch, bekam die Menses wieder und verliess am 21. Nov. 1867 in blühender Gesundheit die Anstalt.

Beob. 6. Ida S. von D., 24 J., Mutter von 3 Kindern, die sie im Lauf von 4 Jahren geboren hat, bisher gesund und in guter Ehe lebend, von heiterem Temperament, guten Geistesgaben, gewählter Erziehung, wurde am 3. Sept. 1866 der Irrenanstalt wegen schwerer Melancholie übergeben.

Erbliche Anlage (Vatersbruder und Vetter geisteskrank). Der am 21. Juli erfolgte plötzliche Tod des 6 Wochen alten Kindes, die bald darauf erfolgte Suspension ihres Vaters wegen Vergehens im öffentlichen Dienst, wohl auch der schwächende Einfluss des kurz vorhergegangenen Wochenbetts und Stillens liessen sich als die Ursachen der Krankheit bezeichnen.

Namentlich der Tod des Kindes hatte die Mutter tief erschüttert, die sich grundlose Selbstvorwürfe, es vernachlässigt zu haben, machte, sich aber bald beruhigte und Anfang August sich wieder zu erholen schien. Mitte August, kurze Zeit nachdem ihr Vater seines Dienstes enthoben war, wurde die Frau still, ernst, nachdenklich, düster, einsilbig, begann zu kränkeln, an Appetitlosigkeit, Stuhlverstopfung, Schwere und Eingenommenheit des Kopfs, Müdigkeit und Schlaflosigkeit zu leiden. Immer mehr versank sie in ein dumpfes Hinbrüten, aus dem sie nur vorübergehend durch ängstliche Erwartungsaffekte aufgescheucht wurde. Aus ihren kurzen abgerissenen Aeusserungen liess sich entnehmen, dass Selbstvorwürfe wegen des Todes des Kindes, Kummer um den Vater, dessen Einsperrung sie befürchtete, ihr Gemüth beständig beunruhigten. Rasch war die Ernährung gesunken, die Kranke blutarm und übelaussehend geworden; starr in sich abgeschlossen, hatte sie die Nahrung verweigert, zu sprechen aufgehört.

Bei der Aufnahme schien die Kranke gar nicht zu appercipiren, in einer Concentration auf wenige schmerzliche Gedankenkreise zu leben. Der Einfluss auf die Bewegungsorgane war ihr fast gänzlich entzogen; die Bewegungen erfolgten träg, oft nur durch äusseren Impuls. Die Haltung war eine gebeugte, die Innervation der Flexoren überwiegend über die der Extensoren. Blick und Miene schmerzlich, Schlaf fehlend, Stuhl träge, Blutumlauf gestört, Herzschlag schwach, Herztöne dumpf, Puls klein, schwach, verlangsamt bis auf 60 Schläge, Haut kühl und bleich, Respiration oberflächlich. Die Nahrungsaufnahme stiess auf passiven Widerstand, der aber mit einiger Nöthigung überwunden wurde. Dieser Zustand völliger Gebundenheit der psychischen und motorischen Functionen bestand in den ersten Wochen unverändert fort, die Kranke verrieth entschieden Scheu vor activen Bewegungen und war mühsam zur Befriedigung der einfachsten Bedürfnisse zu bewegen; der Schlaf fehlte fast gänzlich. Allmälig gelang es Praecordialbangigkeit, Intercostalneuralgie, Kopfweh, Schwindel, Gefühle von Verwirrung im Kopf, Klagen über wirres Durcheinanderjagen der Gedanken, Selbstanklagen, dass sie sich und die Ihrigen ins Unglück gebracht habe, zu eruiren.

Die Behandlung bestand in lauen Bädern, tinct. Bestucheff. und Laudanum, mit dem bis auf 2mal täglich 45 Tropfen gestiegen wurde. Dabei war die Kranke consequent isolirt. Hartnäckige Stuhlverstopfung machte die zeitweise Darreichung geeigneter Mittel nothwendig.

Ende September nahm die psychische Concentration und motorische Hemmung ab; die Kranke fing an zu sprechen und eine Menge Selbstanklagen (nicht recht gelebt,

Tintenflecken in die Wäsche gemacht, hohe Herrschaften nicht geachtet zu haben, nicht getraut zu sein etc.) auszustossen, wohl grösstentheils Erklärungsversuche ihrer quälenden Angst und Praecordialbeklemmung. Hallucinationen und Illusionen des Gehörs unterhielten den Wahn, wirkten fast beständig ein und hatten wesentlich Anklagen, Spott, drohende Gefahren für die Kranke und ihre Angehörigen zum Inhalt. Die Reaction darauf war eine verschiedene, bestand bald in stumpfem Hinbrüten, scheuem Sichabschliessen gegen die Umgebung, die alle ihre Schandthaten kannte, bald in Affekten der Angst und ohnmächtiger Verzweiflung.

Anfang October trat mit Nachlass der Hallucinationen und der Praecordialangst eine mehrtägige Remission mit nur ganz summarischer Rückerinnerung an die Erlebnisse in der Krankheit ein, der aber bald eine Exacerbation mit einer Fülle von Wahnvorstellungen (Hexe, Meineidige, Hochverrätherin, Kindsmörderin) Stimmen entsprechenden Inhalts und Affekten der Selbsterniedrigung folgte. Dabei Klagen über Kopfweh, Schwindel, Gedankenverwirrung, Flimmern vor den Augen. Eine gleiche mehrtägige Remission stellte sich Mitte October, ferner Mitte November ein. Die Exacerbationen erfuhren jeweils eine Beschleunigung, sobald man mit dem Opium (2mal tgl. 45 Tropfen) auf eine geringere Dosis zurückging.

Endlich Mitte December stellte sich die Reconvalescenz ein, nachdem schon einige Wochen vorher Ernährung, Allgemeinbefinden, Schlaf und Darmfunctionen sich erheblich gebessert hatten. Unter dem Fortgebrauch hoher Opiumdosen schwand die psychische Concentration und motorische Spannung gänzlich und selbst ein am Weihnachtsabend durch das Hören einer Stimme (Mann wolle sich scheiden lassen) aufgetretener mächtiger Affekt konnte den Gang der Reconvalescenz nicht mehr aufhalten, die anfangs Januar 67 mit dem Schwinden der Hallucinationen, Angstgefühle, nervösen Beschwerden etc. zur völligen Wiederkehr der körperlichen und psychischen Leistungsfähigkeit und zu klarer Anerkennung der überstandenen Krankheit führte.

Beob. 7. Am 5. Juli 73 wurde A. W., Frau eines Gewerbtreibenden aus L. in der Irrenanstalt aufgenommen. Keine erbliche Anlage; geboren 1824, Heirath mit 36 J., Geburt von 2 Kindern ohne Kunsthülfe. Mit 25 J. Kopfverletzung ohne erkennbare Folgen. Vor 3 J. Eczema capitis et faciei, das $1^1/_2$ J. bestand und dann verschwand. Pat. zeigte von jeher einen etwas melancholischen mürrischen Charakter, war leicht erregbar, und empfindlich. Im December 1872 Insolvenzerklärung des Sohnes, darüber grämte sich Pat. sehr, war anhaltend schlaflos und aufgeregt. Unvermerktes Uebergehen des schmerzlichen Affekts in eine psychische Depression. Pat. wurde einsilbig, abulisch, kauerte den ganzen Tag in einer Ecke, musste zum Essen genöthigt werden. Abgerissene Aeusserungen, es werde noch ein grosses Unglück geben, deuteten auf ängstliche Erwartungsaffekte, Bemerkungen, „ich habe es schon wieder gehört, dass ich es nicht recht gemacht, ich höre es wieder," auf Gehörshallucinationen. Pat. bot immer ausgesprochener und unverändert das Bild einer Melancholia passiva. Menses und vegetative Functionen erfuhren keine Störung.

Status praesens bei der Aufnahme: mittelgrosse Frau, Ernährung ziemlich gut, Schädel ohne Abnormitäten. Grosse Störung des Bewusstseins. Pat. steht in den Ecken herum, muss zu jeder Bewegung genöthigt werden, die sie dann langsam und oft nur auf wiederholte Nöthigung ausführt. Im Allgemeinen grosser Widerstand gegen passive Bewegungen, auch gegen Nahrungsaufnahme, die forcirt werden muss. Pat. spricht fast gar nicht, murmelt höchstens ganz unverständliche Worte. Die Haltung ist gebeugt, die Arme gegen die Brust gepresst. Die Gesichtszüge zur Maske eines angstvollen Staunens verzogen, die Augen starr auf den Boden gerichtet. Pat. ist panphobisch — jegliche Annäherung, ja selbst ein bloses Geräusch steigert die innere Angst und Spannung, wobei zeitweise ein scheuer verzweiflungsvoller Blick nach der Richtung der störenden Ursache geworfen wird. Haut kühl, trocken, schmutzig, ohne Schweisssekretion, etwas livid durch Stauung in dem Capillarnetz, Zunge dick belegt, foetor ex ore, spärliche breiige Stühle bei vollem und durchweg gedämpft tympanitischen Schall gebendem Unterleibe. Herztöne schwach, aber rein. Puls tard, etwa 80. Respiration oberflächlich, nur ab und zu tiefes Seufzen.

Die Behandlung bestand bis zu Ende des Monats in lauen Bädern und subcutanen Injectionen von extract. opii aquos. (bis zu 0,12 2mal täglich) die Panphobie und qualvolle psychomotorische Hemmung wurden etwas ermässigt, Pat. wurde etwas verständlich. Sie äusserte oft die abgerissenen Worte: „so ist es nicht recht, es ist nicht Zeit, ich darf nicht." Uebelkeit, Colikschmerzen, grösserer Widerstand gegen Nahrungsaufnahme, geringe Quantität der breiigen Stühle veranlassten Ende des Monats zu einer Exploratio per anum. Es ergab sich, dass das rectum mit Kothsäulen von etwa 2" Durchmesser, die nur einen etwa federkieldicken Canal zum Durchlass flüssig-breiiger Massen im Centrum hatten, erfüllt und dadurch paralysirt war. Die Kothstauung erstreckte sich offenbar weit in den Dickdarm hinauf. Klystiere und eröffnende innere Mittel förderten enorme Mengen theils ganz eingedickter und übelriechender Kothballen zu Tage.

Ueberraschend war die Wirkung dieser evakuirenden Behandlung auf das psychische Befinden. Die motorische Hemmung und Spannung löste sich sofort, das Bewusstsein wurde freier, das Widerstreben hörte auf, Pat. fing an zu essen und zu sprechen, klagte über schreckhafte Stimmen und vage quälende Angst vor einem bevorstehenden Unglück. Wie sie etwas thun wolle, z. B. sich waschen, so höre sie Stimmen, es sei nicht recht, sie wisse sich in dieser Confuson oft gar nicht zu helfen. Von Tag zu Tag zeigte sich ein erfreulicher Fortschritt in somatischer und psychischer Hinsicht. Die Stuhlentleerung wurde geregelt, die Stimmen contrastirenden Inhalts wurden seltener und verloren ihren bestimmenden Einfluss. Pat. fing an, sich mit Lektüre und Arbeit zu beschäftigen. Am 3. August konnte Pat. als genesen betrachtet, am 7. September entlassen werden.

Die Krankheit erschien der Genesenen wie ein böser Traum. Sobald sie etwas habe thun wollen, sei sie durch contrastirende Vorstellungen und Hallucinationen daran gehindert worden, beständig habe sie die Vorstellung geplagt, dass ein Unglück geschehen sei oder bevorstehe. Die Krankheit habe sich ganz allmälig entwickelt. Schon seit mehreren Jahren sei Empfindlichkeit, Gereiztheit und gestörter Schlaf vorhanden gewesen. Im Januar 1873 sei sie schwermüthig geworden, habe an Mattigkeit und Abgeschlagenheit in den Gliedern und Obstipation gelitten. Die Erinnerung an die überstandene Krankheit ist eine lückenhafte. Sie habe bis Ende Juli gar nicht gewusst, wo sie sei, erinnere sich nur ganz dunkel schreckhafter Visionen. Auf die ausleerende Behandlung habe sie sofort Erleichterung im Kopf gefühlt.

Die Melancholia activa s. agitans.

Im stärksten Gegensatz zu dem skizzirten Krankheitsbild der Melancholia passiva stehen die Fälle, wo der Kranke in fortwährender Erregung und Thätigkeit ist und sein psychischer Schmerzzustand in höchst affektvoller Weise eine Entäusserung erfährt. Die Ursache dieses Verhaltens kann nicht in einer erleichterten Umsetzung der Vorstellungsreize in Bewegungsimpulse gesucht werden, wie dies bei der Manie der Fall ist, sondern nur in der enormen und dadurch alle Hemmungen durchbrechenden Stärke, mit welcher die Bewegungsmotive sich im Bewusstsein geltend machen. In der That bilden diese agitirten melancholischen Zustände nur die kurzdauernde Acme des gesammten Krankheitsbilds oder ephemere Exacerbationen im Verlauf der Melancholie, bedingt dadurch, dass peinliche Ueberraschungs- oder Erwartungsaffekte, Zwangs- oder Wahnvorstellungen oder auch Hallucinationen den psychischen Schmerzzustand vorübergehend auf eine unerträgliche Höhe treiben. Namentlich sind es heftige Steigerungen der Praecordialangst, die solche Ausbrüche von Jaktation und heftigster motorischer Reaktion im Verlauf einer chronisch und stille verlaufenden Melancholie vermitteln. So erscheint die M. activa nur als eine bestimmte psychomotorische Reaktionsform auf gewisse Bewusstseinsvorgänge bei Melancholischen, die wieder zum Theil abhängig von Individualität, Temperament etc. gedacht werden muss. Jedenfalls ist sie keine besondere Krankheitsform, sonst wäre es unverständlich, wie solche Zustände plötzlich in ganz entgegengesetzte Krankheitsbilder, z. B. in passive Melancholie mit oder ohne kataleptische Starre umspringen können. Auf der Höhe des Anfalls ist das Bewusstsein immer erheblich getrübt, es kann sogar temporär ganz schwinden. Im ersten Fall ist die Rückerinnerung eine summarische, im letzteren fehlt sie gänzlich.

Dauert diese stürmische Periode des Leidens längere Zeit an, so besteht die Gefahr tödtlicher Erschöpfung, namentlich bei älteren, decrepiden Leuten, oder auch des Uebergehens in unheilbare psychische Schwächezustände.

In seinen Paroxysmen gleicht der Kranke, der Alles zu zertrümmern droht und in beständiger Jactation ist, einem Tobsüchtigen und in der Regel werden solche Zustände von Schwermuth „mit anhaltender Willensaufregung" in der Praxis mit Tobsucht verwechselt. Diese Zusammenwerfung der Melancholia activa mit der Tobsucht, in welcher der Bewegungsdrang primäres elementares Krankheitssymptom, Ausdruck einer primären Hirnerregung ist, muss als durchaus unzulässig bezeichnet werden. Die motorische Erregung des Melancholischen ist die Reaktion auf qualvolle Empfindungen und peinliche Affekte, somit secundäres Symptom gleichwie die motorische Erregung des von einem Affekt der Verzweiflung überwältigten Gesunden, und in der Intensität ihres Auftretens abhängig von der Intensität jener.

Auch zu einer delirienartigen Flucht der Vorstellungen kann es bei Melancholia activa kommen, aber diese Ideenjagd hat hier ebenfalls einen ganz andern Charakter als bei der Manie, wie dies schon Richarz (Allgem. Zeitschr. für Psychiatrie XV. p. 28) treffend hervorgehoben hat.

Trotz aller Beschleunigung im Ablauf der Vorstellungen ist das Delirium bei Mel. activa doch ein monotones, im inhalt rein schmerzliches, im engen Kreis des melancholischen Affektes sich bewegendes, eine beständige Variation über dasselbe Thema. Das Vermögen einer fortlaufenden durch Association vermittelten Reihenbildung von Vorstellungen fehlt hier gegenüber der Manie, wo die Associationen enorm erleichtert sind; die Vorstellungen des Melancholischen sind nur Bruchstücke von Vorstellungsreihen, er kann eine begonnene nicht durchdenken, zu Ende führen, ohne abzuspringen und auf den Anfang der Kette zurückgeworfen zu werden. Ebendeshalb klagen auch solche Kranke über den beständigen, aber unbefriedigenden resultatlosen Denkzwang, über die Unmöglichkeit, bei einem

Gedanken zu beharren, ihn auszudenken, über die Oede und Leere ihres Bewusstseins trotz der anscheinenden Ueberfüllung desselben.

Beob. 8. Am 6. August 1864 wurde Therese Wipfel v. R. in die Irrenanstalt aufgenommen. Sie war damals 27 J. alt, lebte seit dem 23. J. in guter Ehe mit einem vermöglichen Landmann, war Mutter von 3 Kindern, deren jüngstes Ostern 1864 geboren wurde.

Pat. hat einen Bruder und eine Schwester, die an Melancholie litten. Die Kranke war von munterem, heiteren Sinn, religiös, sittlich. Krank war sie nie gewesen, die Menses traten im 17. Jahre ein und flossen regelmässig, auch die Geburten hatte sie gut überstanden.

Das an Ostern 1864 geborene Kind war schwächlich, Ende Mai erkrankt und wurde Anfangs Juni eines Morgens todt im Bett gefunden. Die Mutter hatte damals gerade die Menses. Der Tod des Kindes erschütterte sie tief; sie konnte sich in ihrem Schmerz gar nicht fassen, den Gedanken nicht los werden, sie habe es nicht recht gepflegt, wozu später die Angst kam, sie habe es im Schlaf erdrückt.

Der Schmerz über den Verlust des Kindes steigerte sich immer mehr; eine zunehmende Unruhe und Herzensangst bemächtigte sich der Pat., gegen die sie vergebens Trost und Hülfe im Gebet suchte. Die Unruhe liess sie nicht schlafen noch arbeiten, sie fing an hastig und unregelmässig zu essen, lief ängstlich und unstet im Hause und Dorf herum, von einem Bekannten zum andern, fing endlich an, Branntwein zu trinken, „um nicht so dran'denken zu müssen", wie sie angab.

So steigerte sich der anfangs wohl motivirte psychische Schmerz zu einem wahren Gemüthsirresein, zu dem sich bald, vorwiegend als Erklärungsversuch der krankhaften Stimmung, Wahnideen gesellten; die Kranke machte ihr ganzes vergangenes Leben zum Gegenstand einer peinlichen Reflexion, und da sie in jenem vergebens nach einer Begründung der sie immer mehr ergreifenden Gemüthsangst suchte, hielt sie sich an geringfügige Dinge, bei welchen sie gefehlt zu haben glaubte.

Der Wahn, am Tode des Kindes schuld zu sein, wurde nicht festgehalten, dagegen erging sich ihr Vorstellen in einer endlosen Reihe vermeintlicher Fehltritte. Sie sei zu stolz gewesen, habe zu viel in den Spiegel geschaut, Jesum nicht im Herzen gehabt, in der Schule nicht gelernt, sondern zum Fenster hinausgesehen etc. Mit ihrem Zustand ausschliesslich beschäftigt, vernachlässigte sie die Haushaltung; Nichts erweckte mehr ihr Interesse, stumpf und gleichgültig verhielt sie sich gegen Alles, selbst gegen Mann und Kinder, sich selbst und des Lebens überdrüssig. Ab und zu ängstliche Erwartungsaffekte mit dem Wahn, ein grosses Verbrechen begangen zu haben, von Gensdarmen abgeholt zu werden u. s. w. Einsicht in das Krankhafte ihres psychischen Zustands hatte Pat. nicht, nur körperlich fühlte sie sich unwohl und klagte öfters über Kopfweh und Herzdruck, womit sie ein beengendes Wehgefühl im Epigastrium bezeichnete. Dabei Schlaflosigkeit, Stuhlverstopfung, Cessiren der Menses.

Sehr ausgesprochen waren die Erscheinungen psychischer Anaesthesie und der Kranken selbst auffällig. Obwohl sie die objektiven Verhältnisse noch richtig erfasste, berührte sie doch Nichts mehr weder angenehm noch unangenehm. Es war ihr oft als ob ihr Körper todt sei; Gemeingefühle wie Müdigkeit und Schmerz wurden nicht mehr percipirt, sie sagte selbst: man könne ihr einen Finger abschneiden, es würde ihr gleichgültig sein.

Psychomotorisch fiel die grosse Hast und Muskelunruhe

der Kranken in die Augen. Es war ihr nicht möglich eine angefangene Arbeit zu vollenden, jeden Augenblick musste sie etwas anderes beginnen, es trieb sie förmlich, in beständigem Umhertreiben bei Bekannten und Freunden eine Erleichterung ihres gepressten Innern zu finden. Gang und sonstige Bewegungen verriethen dabei eine gewisse Hast und Ueberstürzung, wie sie auch mit geläufiger Zunge und beredten Worten in einer Menge unendlich variabler aber wesentlich doch denselben Gedankenkreis berührender ängstlicher Vorstellungen, Selbstanklagen und Vorwürfe delirirte. Dies war wesentlich das Krankheitsbild beim Eintritt in die Anstalt. Die körperliche Untersuchung ergab einen kräftig gebauten aber in der Ernährung etwas herabgekommenen Körper, dolichocephalen aber proportionirten und geräumigen Schädel. Vegetative Funktionsstörungen waren nicht erkennbar. Carotidenpuls, noch mehr Radialpuls klein und zusammengezogen, 80 Schläge in der Minute, Haut kühl und trocken.

In der ersten Zeit des Anstaltslebens änderte sich das Krankheitsbild kaum merklich. Die Versetzung in die Heilanstalt, die Trennung von Haus und Familie liessen die mit sich zu sehr beschäftigte und in Selbstanklagen delirirende Kranke gleichgültig.

Eine Tendenz zur Fixirung der meist sich auf bevorstehende Verdammniss oder Einkerkerung und die Anklage die Familie zu Grunde gerichtet zu haben beziehenden Wahnvorstellungen zeigte sich nicht. Häufige Klagen dass der Kopf auseinanderfallen wolle, Kopfweh, Schwindel, unruhiger durch ängstliche Träume gestörter Schlaf waren weitere bemerkenswerthe Zeichen der Gehirnerkrankung. Psychische Ablenkungsversuche scheiterten längere Zeit an der Unstetigkeit und inneren Erregung der Kranken. Das Essen warf sie hastig hinein, vom Saal in den Corridor und wieder zurück eilend murmelte sie beständig Selbstvorwürfe.

Die Behandlung bestand in lauen prolongirten (1 — 2 Std). Bädern und der innerlichen Darreichung von Opium mit dem bis zu 2 mal tägl. 0,4 grm. gestiegen wurde.

Anfangs Januar 1865 nahm der ängstliche Affekt ab; die Kranke wurde zugänglicher, ruhiger, Schlaf und Ernährung besserten sich, die krankhafte Hast und Unstetigkeit ermässigten sich mit der Abnahme der Angstgefühle. Pat. begann Krankheitseinsicht zu zeigen, von der Aussenwelt wieder Notiz zu nehmen und sich für Haus und Familie zu interessiren. Mit wachsender Lust und Befähigung zu Hausarbeiten schritt die Reconvalescenz rasch voran, so dass Anfang Februar bereits die Entlassung der sich nach der Erfüllung ihrer Pflichten als Hausfrau und Mutter sehnenden Genesenen gewährt werden konnte.

Selbst die Todesnachricht eines 2. während ihrer Abwesenheit von Hause gestorbenen Kindes, die man Vorsichtshalber einige Tage vor der Entlassung ihr mittheilte, wurde nun mit Fassung ertragen und die wiedergewonnene Gesundheit hat sich ungetrübt seither erhalten.

Beob. 9. Josepha Pf., Bierbrauersgattin 39 J., wurde als an Melancholia activa leidend, am 30. April 1865 der Irrenanstalt übergeben. In der Familie sind Tuberculose (3 Schwestern daran gestorben) und Irresein (Schwester und Bruder geisteskrank, andrer Bruder exaltirter Kopf und politischer Schwärmer) zu Hause. Pat. war von Kindheit auf excentrisch, mit den politischen socialen und religiösen Fragen der Zeit sich vielfach beschäftigend, dabei aber intellectuell reich begabt bei gering entwickeltem Gemüthsleben und so mehr nach der Seite männlicher Charaktere hinneigend. Die Entwicklungsjahre gingen gut vorüber; von über mittelgrossem Körper erfreute sie sich bis zum 18. Jahr einer ausgezeichneten Gesundheit. Von da an datirt ein chronisches Magenleiden, das sich durch häufige Anfälle von Cardialgie, Blutbrechen und Digestionsbeschwerden kundgab und wohl durch runde Magengeschwüre bedingt war. Im 25. Lebensjahre ging sie ihre jetzige Ehe ein, in der sie seither 15 Jahre kinderlos lebte. Die Heirath fand nicht aus Neigung statt, ein früheres Verhältniss war durch die Einsprache der Angehörigen zerstört worden. Frau P. erfüllte ihre Pflichten als Hausfrau musterhaft, unter ihren thätigen Händen kehrte Wohlstand in das Haus ein. Die Ehe war keine glückliche. Ihr Mann behandelte sie roh, muthete seiner ihn nicht liebenden, durch ihr Magenleiden reizbar gewordenen, oft melancholisch verstimmten, in der Ernährung herabgekommenen, an Menstruationsstörungen und Cardialgie leidenden Frau in der Leistung der ehelichen Pflicht mehr zu als ihre Kräfte ertrugen. Als endlich der Mann seine Gunst andren Frauen zuwandte, entstanden eheliche Zerwürfnisse zwischen ihm und seiner Frau, die sich durch seine Untreue tief in ihrer Ehre verletzt fühlte. Zu diesen geheimen psychischen Ursachen des folgenden Hirnleidens kam eine zunehmende Verschlechterung der Constitution und die Störung wichtiger Funktionen, unter deren Einfluss das geschwächte Nervensystem den psychischen occasionellen Momenten erliegen musste. Schon seit Jahren waren die Menses spärlich geworden und von Kopfweh und Supraorbitalneuralgie begleitet gewesen; häufig stellte sich mit fortschreitender Anaemie Herzklopfen und Intercostalneuralgie ein, die cardialgischen Anfälle wurden häufiger und gingen mit grosser gemüthlicher Depression und taedium vitae einher, die Digestion und Ernährung litten so sehr, dass man die Kranke schon geraume Zeit vor dem Ausbruch der Psychose für schwindsüchtig hielt. Der Ausbruch dieser war ein ziemlich plötzlicher ohne Dazwischenkunft weiterer Gelegenheitsursachen. Die später genesene Kranke gab darüber folgende Auskunft:

„Ich konnte es schon einige Wochen vor meiner Erkrankung zu Hause nicht mehr aushalten, es kam mir vor wie wenn Alles anders geworden wäre. Der Mann, die Dienstleute kamen mir so roh und feindlich vor. Es war mir damals recht bang um's Herz aber noch klar im Kopf, nur das Magenweh quälte mich heftig. Ich ging nach Th. zu Verwandten. Da wurde mir mit einem Mal so bang, das Essen bekam einen kuriosen Geschmack, ich konnte nicht mehr schlafen, musste immer an meine Zukunft denken. Als ich am zweiten Tag in Th. aus der Kirche kam, hörte ich, dass ich am Kreuze sterben müsse wie der Heiland, es fing mir an im ganzen Körper weh zu thun, wie wenn ich verschlagen wäre. Zu Hause sah ich dann verstorbene Verwandte, nun ging es drunter und drüber, ich sah nur noch Teufelsfratzen und Todte und kam ausser mir vor Entsetzen. Was weiter mit mir geschah, weiss ich nicht. Ich erinnere mich dunkel in einer Chaise, in welcher lauter Leichen waren, nach E. zurückgebracht worden zu sein. Dort war ich noch einen Tag in Todesangst, sah immer Todte, glaubte der Mann wolle das Haus ausräumen und dann mich sammt dem Haus verbrennen."

Beim Eintritt in die Anstalt bestand eine grosse ängstliche Erregung fort, die in unruhigem Sichumherwerfen, lebhaftem Mienenspiel, heftigen, scheuen, unsicheren Bewegungen und grossem Rededrang sich kund gab. Soviel aus ihren abgerissenen Aeusserungen entnommen werden konnte, glaubte sich Pat. in einer Folterkammer, hielt die Umgebung für Henkersknechte und war unablässig von Gehörshallucinationen, die ihre bevorstehende Hinrichtung durch Feuertod verkündeten, oft auch von schrecklichen Visionen (Teufelsfratzen und Gespenster) gepeinigt. Die Miene entsprach vollkommen dem Bewusstseinsinhalt und hatte bald den Ausdruck entsetzten Staunens, bald den dumpfer Resignation oder verzweifelter Wuth. Ein Gastricismus, mit dem Pat. die Anstalt betrat, war nebst cardialgischen Schmerzen die Ursache, aus der bei dem tief gestörten Bewusstsein Nahrungsverweigerung und Vergiftungswahn entstand. Ausser hochgradiger Anaemie und tief gesunkener Ernährung, bei kleinem frequentem Puls und trockener, schmutziger, welker Haut, schlaffer, atrophischer Muskulatur, oberflächlicher Respiration bei durch cardialgische Beschwerden und Praecordialangst erschwerter Inspiration fanden sich in dem sonst kräftig angelegten Körper keine weiteren Funktionsstörungen.

Auf eine schon nach wenigen Tagen sich einstellende mehrtägige Remission mit beschränkter Krankheitseinsicht folgte ein heftigerer Ausbruch der Krankheit, die in der Folge einen remittirenden Verlauf annahm. Auf ein mehrtägiges Delirium, das sich um Todesgefahr und Verfolgung drehte und von grosser motorischer Erregung, massenhaften Sinnesdelirien, bedeutender Bewusstseinsstörung, cardialgischen Anfällen und dadurch bedingtem Vergiftungswahn begleitet war, kamen jeweils Tage leidlicher Ruhe mit beschränkter Krankheitseinsicht, an welchen aber Pat. nie ganz von Hallucinationen frei war und auf Grund dieser allerlei zwecklose Handlungen beging, z. B. Gegenstände in den Mund steckte, oder versteckte, plötzlich gewaltthätig wurde. So hörte sie sich oft „Memento mori" zurufen, sowie dass man sie umbringen, verbrennen wolle. Dabei sank die Ernährung immer mehr, häufig stellte sich Blutbrechen ein, die Pulsfrequenz steigerte sich auf 120 Schläge. Versuchte Bekämpfung des Magenleidens, Hebung der Constitution durch Tonica und gewählte Nahrung hatten kaum nennenswerthen Erfolg. Der remittirende Charakter des Leidens verwischte sich im Laufe des Juni. Praecordialangst, Hallucinationen und Wahnvorstellungen unterhielten einen mittleren Grad von ängstlicher Aufregung, der nur noch stundenweise zur Affekthöhe eines Verzweiflungsausbruchs sich steigerte. Unverkennbar standen diese Exacerbationen mit den Steigerungen einer linksseitigen Intercostalneuralgie in ursächlicher Verbindung, wie auch lokale Behandlung der Neuralgie mit Morphiuminjektionen bis zu 2 Gran täglich, Chloroforminhalationen bis zur Narkose der Kranken grosse Erleichterung brachten. Im Laufe des Juli kam es auf der Höhe dieser Anfälle zu kataleptiformen Erscheinungen. Die Kranke verlor die Sprache, die Herrschaft über ihre Bewegungen, das Gesicht bekam den Ausdruck einer starren Maske, die Glieder verharrten stundenlang in den unbequemsten Stellungen, die Muskeln, obwohl sonst schlaff und atrophisch, zeigten eine bedeutende Spannung, die Apperception schien aufgehoben. Nach 1 — 2 Stunden löste sich dann jeweils die Starre, die Kranke bekam Bewusstsein und Sprache wieder, man erfuhr aus einzelnen Andeutungen, wie sehr sie durch Hallucinationen litt, in beständiger Todesangst schwebte, vom Wahn auf's Schaffot geführt, erschossen zu werden, gepeinigt war.

Ende October treten die ersten Zeichen einer Lösung der Psychose ein. Die Angstzufälle wurden seltener und mässiger, die kataleptischen Erscheinungen kehrten nicht wieder, der Blick wurde freier, die Nächte ruhiger; klares Krankheitsbewusstsein, die Hoffnung wieder gesund zu werden, Hebung der Ernährung, verkündeten die Reconvalescenz. Aber diese war eine protrahirte; noch immer kehrten auf Stunden oder Tage Erregungszustände zurück, der Wahn, verbrennen zu müssen, am Unglück der Welt schuld, die grösste Sünderin zu sein etc., drängte sich dann wieder in's Bewusstsein und erzeugte Handlungen der Selbsterniedrigung, Selbstmordversuche oder wenigstens Versuche der Selbstbeschädigung, indem sie sich schlug oder die Haare ausraufte.

Endlich gewann unter Anwendung lauer Bäder, die immer grosse Erleichterung brachten, der bessere Zustand Bestand. Die Pulsfrequenz sank auf 80 Schläge, die Hautfarbe wurde frischer, die Ernährung hob sich zusehends, die Bangigkeit verlor sich ganz, die Gehörshallucinationen dauerten zwar noch bis Anfang December fort, wurden aber als solche erkannt und nicht weiter mehr berücksichtigt. Ein Besuch einer Verwandten zerstörte die letzten Wahnvorstellungen der Kranken, die noch halb und halb glaubte, ihre Angehörigen seien todt und sie sei schuld an deren Untergang. Die alte Frische und Lebenslust kehrte nun wieder, die Reconvalescenz wurde durch Nichts mehr gestört, selbst die cardialgischen Beschwerden schwanden auf ein Minimum. Am 8. Januar 1866 verliess Frau P. die Anstalt vollkommen genesen, um zu ihrem häuslichen Heerd zurückzukehren. Die psychische Gesundheit erhielt sich ungetrübt bis zu ihrem Tode, der nach einigen Jahren an Lungentuberkulose erfolgte.

Beob. 10. Frau Professor S., 58 J., stammt aus einer Familie, die schwer von Geistesstörung heimgesucht war. Ihr Vater und 2 Brüder desselben endeten durch Selbstmord, ihr Bruder und Vetter starben paralytisch blödsinnig. Von Hause aus beschränkten Geistes aber eine brave Hausfrau und Mutter von 4 gesunden erwachsenen Kindern, erkrankte sie zum ersten Mal im Puerperium 1836 an Melancholie mit taed. vitae nach dem Tod ihres neugeborenen Kindes. Nach 5 Monaten genas sie und blieb gesund bis zum Juni 1846. Der Tod eines 4 Monat alten Kindes machte sie rückfällig und führte sie der Irrenanstalt zu. Zu einer tiefen melancholischen Depression gesellten sich damals Selbstvorwürfe, ihr Kind nicht recht gepflegt zu haben, an seinem Tod schuld, der göttlichen Gnade verlustig, dem Teufel verfallen zu sein. Anfangs düster und abulisch, wurde sie bald ängstlich aufgeregt, wähnte mit den Ihrigen schrecklichen Todesqualen entgegenzugehen, hörte, dass ihre Angehörigen um ihrer Schuld willen hingerichtet würden, vernahm die Stimmen dieser, die um Erbarmung flehten, glaubte sie im Hause und hielt die Aerzte für deren Henker.

Immer mehr setzte die Kranke der feindlich appercipirten Umgebung einen stupiden Widerstand entgegen. Sie that z. B. immer das Gegentheil von dem, was man verlangte, verweigerte die Nahrung solange, bis man dergleichen that als ob man sie am Essen hindere, worauf sie es dann mit grosser Gier verschlang. So verlangte sie unablässig den Geistlichen, aber wenn dieser kam, war sie unfähig, aus ihrem Oppositionszwang herauszutreten und das, was sie wollte, ihm mitzutheilen — eine Hemmung, die sie selbst oft schmerzlich empfand. Als Reaktion auf die quälenden Bewusstseinsvorgänge und gegen die feindliche Umgebung kam es zu plötzlichen Angriffen auf diese, zur Zerstörung des Zimmergeräths, verzweifelten Wuth- und Zornesausbrüchen. Häufig verzehrte sie mit grosser Gier ihre eigenen Excremente.

Anfang December milderten sich mit dem Seltenerwerden der Wahnvorstellungen und Sinnestäuschungen die Willensschwäche, Willenshemmung, der Oppositionsdrang. Die Kranke wurde freundlich, fing an zu arbeiten und bot nur noch dann und wann Spuren ängstlicher Gedrücktheit und Gereiztheit. Am 10. Januar 1847 wurde sie genesen entlassen. Aus ihren interessanten Selbstschilderungen der überstandenen Krankheit ergab sich, dass sie an peinlicher, unablässiger Ideenjagd, die sich aber immer in demselben Ideenkreis (Wahn eigener Verschuldung, Todesgefahr ihrer Angehörigen) drehte, gelitten habe. Trotz dem Bewusstsein ihrer Krankheit habe sie aus Angst und Misstrauen Allem, oft gegen ihr besseres Wollen, den grössten Widerstand entgegensetzen müssen. Ihre Willenlosigkeit sei aus dem Gefühl einer „unwiderstehlichen Zurückhaltung und Hemmung" hervorgegangen.

Bis zum Mai 1865 war Frau S. ganz gesund. Das Klimacterium war gut vorübergegangen. Der Tod ihres

Gemahls machte sie rückfällig. Schon einige Tage nach dessen Tod bemerkte man schmerzliche Verstimmung, dumpfes Hinbrüten, Jammern, Selbstvorwürfe. Sie klagte über Schlaflosigkeit, Druck im Epigastrium mit Athembeengung, Druck im Vorderkopf, wirres Durcheinander der Gedanken. Eine Fluth von Selbstanklagen objektivirte Anfangs die Verstimmung; bald kehrte sich der schmerzliche Affekt auch gegen die Aussenwelt, die sie im Complott gegen sich, gegen das Leben ihrer Brüder verschworen glaubte. Dazu gesellte sich wieder der aus dem früheren Krankheitsverlauf bekannte Oppositionszwang gegen die feindlich appercipirte Umgebung, der sich in bedenklicher Nahrungsverweigerung und unbeugsamem Widerstand gegen Pflege und Wartung äusserte und die Hülfe der Anstalt nöthig machte.

Beim Eintritt in diese am 9. August 1865 bot Pat. das Bild einer Melancholia activa. Sie lebte im Wahn, dass ihre Kinder und Enkel umgebracht wurden, hörte ihr Hülfeflehen, hielt die Aerzte für deren Peiniger und Henker. Bald schloss sie sich in stumpfer Resignation von der ihr feindlichen Umgebung scheu ab, bald machte sie verzweifelte Attentate auf diese, zerriss absichtlich die Kleider, zerstörte und beschmutzte in ihrer ohnmächtigen Wuth Mobiliarstücke oder rannte blindlings nach der Richtung, in der sie die Jammerrufe ihrer Angehörigen hörte, um ihnen beizuspringen. Dabei lästiger Druck in der Stirne, qualvolle Verwirrung der Gedanken, Praecordialangst und Schlaflosigkeit. Interessant war der rasche Wechsel des Grads der Bewusstseinstörung der Kranken, die zu einer Stunde klare Krankheitseinsicht äussern und um Entschuldigung für ihre Handlungen bitten, in der nächsten wieder Alles zerstören konnte.

Aeusserst deutlich war die Willenshemmung der Kranken, die ihr in Zeiten der Remission selbst bewusst ward und dann sehr schmerzlich war. Im Allgemeinen ging jene

Hand in Hand mit dem Grad der Gefühlsbelästigung und äusserte sich theils in der starren Opposition gegen die Umgebung, deren Anordnungen sie jeweils in entgegengesetztem Sinne Folge leistete, theils in einer unbezwingbaren Nahrungsverweigerung, die eine 3 monatliche Fütterung mit der Schlundsonde nöthig machte. Vergebens wurde auf der Höhe der Krankheit versucht, durch Morphiuminjectionen und laue prolongirte Bäder zur Lösung der schmerzlichen Spannung beizutragen. Wahn und Stimmen wurden immer stationärer, beherrschten völlig die Kranke, die in ein dumpfes Hinbrüten versank, das nur zuweilen durch plötzliche, gleichsam convulsivische Zornesausbrüche und Gewaltthaten unterbrochen wurde. Die Kranke drohte ganz zu verkommen, die Ernährung sank in bedenklicher Weise, die Haut wurde missfarbig, blass, erdfahl, oedematös.

Anfang Februar wurde Pat. strenge isolirt und die früher wirkungslosen Morphiuminjectionen (bis zu 0,03 Grm. 2 Mal täglich) wieder aufgenommen. Von nun an besserte sich der für fast hoffnungslos gehaltene Zustand in überraschender Weise. Zunächst besserten sich Schlaf und Ernährung, der Blick wurde freier, Gefühlsbelästigung, Oppositionsdrang und Stimmenhören gemindert. Pat. klagte nun selbst über Bangigkeit und Unruhe, die sie als krankhaft zu erkennen begann und liess sich die anfangs perhorrescirten Morphiuminjectionen, da sie ihr Erleichterung brächten, nun gerne gefallen. In der That wurde sie sofort wieder unruhig und ängstlich, sobald mit den Injectionen versuchsweise ausgesetzt wurde. Im Laufe des März 1866 schwanden die Hallucinationen gänzlich, die Kranke wurde zugänglich, freundlich, verkannte nicht mehr die Umgebung und liess sich Pflege und Behandlung dankbar gefallen. Nur eine grosse Weichheit, Weinerlichkeit, leichte Erregbarkeit bekundete noch die Fortdauer der Störung des Gemüthslebens, während die ängstliche Unruhe in der

Furcht hier zurückgehalten zu werden, ihre Kinder nicht mehr wiedersehen zu dürfen, noch ihr Object fand. Die Reconvalescenz schritt unter Fortgebrauch der Morphiuminjectionen ungestört voran. Am 18. April wurde Frau S. vollkommen genesen nach Hause entlassen. Die Gesundheit hat sich ungetrübt erhalten.

Fragen wir nun am Ende dieser klinischen Studie nach den pathologisch-anatomischen Befunden, die uns in Melancholie Verstorbene bei der Autopsie bieten, so lehrt die Erfahrung im Allgemeinen das Fehlen makroscopischer Veränderungen im Gehirn und dessen Hüllen. Wir sprechen deshalb von einer Psychoneurose, wohl bewusst jedoch, dass alle klinischen Symptome nur die Folge von Ernährungsstörungen der Rindenschicht des Grosshirns sein können, die sich aber beim gegenwärtigen Zustand unseres Wissens einer näheren Deutung und Bezeichung entziehen. Man hat in neuerer Zeit wieder von beachtenswerther Seite aus (Meynert) darauf aufmerksam gemacht, dass Hirnanaemie der häufigste Befund bei melancholisch Gewesenen ist, eine Erfahrung, mit der die meisten Beobachter übereinstimmen dürften. Möglich, dass die im Gefolge von Hirnanaemie (als macroscopischer Befund) sich findenden Ernährungsstörungen das Wesen des Processes ausmachen — spielt doch Anaemie im Gebiet der Nervenkrankheiten aetiologisch eine bedeutsame Rolle und weist gerade bei Melancholie die Anamnese fast ausschliesslich auf Krankheitsursachen, die Blutbildung und Ernährung schwer schädigen.

Hinsichtlich der Prognose dürfte das Krankheitsbild der Mel. activa mehr Chancen der Heilbarkeit bieten als das der passiva, bei der leicht der Zustand psychomotorischer Hemmung in den wirklicher Schwäche übergeht.

Bezüglich der Behandlung der ausgebildeten Fälle von

Melancholie dürften folgende allgemeine Grundsätze zu beachten sein:

1. Man verschaffe dem Kranken vollkommene körperliche und geistige Ruhe, halte alle Reize, bestehen sie nun in angeblichen Zerstreuungen oder Ermahnungen, Tröstungen der Religion u. dgl. von dem verstimmten Nervensystem, dem erkrankten Gehirn ab und erinnere sich wohl, dass Einflüsse, die unter normalen Verhältnissen freudige Eindrücke machen würden, nun nur den psychischen Schmerz steigern können. Diese Indication ist um so wichtiger je grösser die psychische Hyperaesthesie, je acuter der Fall. Für viele Melancholische ist Bettruhe die wichtigste ärztliche Verordnung und die grösste Wohlthat. Namentlich bei Melancholischen mit und aus Hirnanaemie gibt es kein besseres Beruhigungsmittel.

2. Ueberwachung und Schutz des Kranken vor sich selbst und der Gesellschaft vor diesem. Jeder Melancholische kann plötzlich einen Angriff auf das eigene Leben machen, jeder ist auch gemeingefährlich. Die Mehrzahl der Selbstmörder ist melancholisch. Die Ueberwachung muss eine unablässige sein. Die Schlauheit und Ausdauer solcher Kranker in der Verfolgung ihrer selbstmörderischen Absichten ist oft eine staunenswerthe. Die Zwangsjacke ist durchaus keine Garantie gegen Selbstmord.

3. Ueberwachung des Stands der Kräfte und der Nahrungsaufnahme.

Schlaflosigkeit, Affekte, unregelmässiger Genuss von Speise bei durch Magen- und Darmkatarrh so häufig gestörter Assimilation disponiren ohnedies zu Inanition, Erschöpfung und zu Tuberculose, wenn zu letzterer eine Anlage besteht. Man reiche deshalb jedem solchen Kranken kräftige, leicht verdauliche, proteïnreiche Nahrung! Eine sehr unangenehme, nach Umständen lebensbedrohende Erscheinung ist hier die Nahrungsverweigerung, selbst wenn ihr durch Kunsthülfe begegnet werden kann. Wo sie auftritt, lasse man zunächst den Kranken zu Bett liegen wodurch die Ausgabe für Eigenwärme und Muskelbewegung erheblich gemindert wird. Zur rationellen Bekämpfung dieses Symptoms ist es in zweiter Linie nöthig, den Grund der Nahrungsverweigerung zu wissen, um darnach sein Handeln einrichten, zu können. Die Gründe derselben sind äusserst mannichfaltig.

Zuweilen handelt es sich einfach um einen Mund-, Magen- oder Darmcatarrh, auf deren geeignete medicinische Behandlung die Speisescheu weicht, namentlich sind die Fälle nicht selten, wo eine hochgradige Obstipation deren Ursache ist und eine evakuirende Behandlung rasch zum Ziele führt. In andern Fällen, besonders da, wo die Melancholie von Hause aus geistesbeschränkte Individuen befällt, kommt die Nahrungsverweigerung einfach aus dem Motiv, gegen die feindliche und nur widrige Eindrücke liefernde Aussenwelt sich in Opposition zu setzen. Nichtbeachtung dieses oppositionellen Gebahrens führt in der Regel bald zum Aufgeben des Widerstands oder es gelingt, den Kranken genügend zu ernähren, indem man ihm scheinbar zufällig Speisen in die Nähe bringt, wie absichtslos dortstehen lässt und es ihm so ermöglicht, unbemerkt sie sich anzueignen.

Bei andern Melancholischen, die Nahrung verweigern, handelt es sich um religiöse Motive, um Sündenwahn, Drang Busse zu thun u. dgl.; nicht selten begegnet man auch als Motiv dem tiefsten Affekt der Selbsterniedrigung entspringenden Vorstellungen, der Speise nicht mehr werth zu sein, sie Armen und Würdigeren zu entziehen; oder es besteht ein aus psychischer Anaesthesie hervorgehender nihilistischer Wahn, dass Nichts mehr vorhanden, Alles zu Grunde gegangen sei, Pat. keine Zahlung mehr leisten könne.

Bei hypochondrischer Melancholie können gestörte Gemeingefühle und darauf sich gründende Wahnvorstellungen,

z. B. dass Mund und After zu, die Därme unpassirbar, der Körper abgestorben, die Organe verfault, der Magen geschwunden sei, den Grund der Nahrungsverweigerung abgeben. Nicht selten sind es auch Geschmacks- und Geruchstäuschungen und damit zusammenhängender Wahn der Verunreinigung oder Vergiftung der Speisen, die sie motiviren. Zuweilen gehorcht der auf Nahrung verzichtende Kranke dem Gebote von imperativen Stimmen, am seltensten dürfte die Nahrungsverweigerung ausschliesslich als Mittel der Selbstvernichtung vom Kranken gewählt werden.

Bei der Melancholia passiva und attonita ist sie die Folge der grossen Verwirrung der Vorstellungen, der gestörten Apperception und allgemeinen psychomotorischen Hemmung. Der Kranke würde hier einfach verhungern, weil er die Bedürfnisse seines Körpers nicht mehr wahrnehmen, bezügliche Vorstellungen nicht mehr bilden, festhalten, zu Motiven eines Handelns machen kann. Hier genügt nicht selten energisches Zureden, um den Kranken zur Aufnahme von Speise zu bewegen — wird ein actives Einschreiten nöthig, so ist der vom Kranken gebotene Widerstand im Allgemeinen leicht zu bewältigen.

Am schlimmsten sind die Fälle, wo Hallucinationen, Wahnvorstellungen oder Lebensüberdruss die Nahrungsverweigerung motiviren. Eine zwangsweise Einführung von Speise ist hier in der Regel nicht zu umgehen. Wann sie einzutreten hat, hängt natürlich ganz vom Stand der Kräfte, überhaupt dem individuellen Fall ab. Bei Bettruhe und noch gutem Ernährungszustand des Kranken kann nach Umständen derselbe bis zu 5–6 Tagen ohne Speise gelassen werden. Von der grössten Wichtigkeit und die Aufschiebung der Operation gestattend ist der Umstand, ob dem Kranken Wasser zugeführt werden und durch häufige Anfeuchtung der Mundhöhle faulige Zersetzungen in derselben vermieden werden können.

Wird die Zwangsfütterung unumgänglich nöthig, immerhin ein seltener Fall in Irrenanstalten, so ist die Ausführung der Operation mittelst der (englischen) Schlundsonde, die unter Leitung des Zeigefingers nach gewaltsamer Oeffnung und Feststellung der Kinnladen eingeführt wird, das einfachste und am meisten zu empfehlende Verfahren. Durch einen auf die äussere Oeffnung der Röhre eingepassten Trichter wird die flüssige Nahrung eingegossen.

Die da und dort als Ersatz der Schlundsonde geübte Backentaschenfütterung bei zugehaltener Nase, die Fütterung mit einer zinnernen Schnabeltasse gelingen da, wo es dem Kranken wirklich Ernst und die künstliche Ernährung wirklich nöthig ist, nur selten und sind ebenfalls nicht ohne Inconvenienzen, der Werth ernährender Klystiere (Peptone) ein ziemlich geringer.

Bei vorsichtiger Handhabung ist die Schlundsonde ungefährlich. Ungenügender Verschluss der Luftwege während der Fütterung kann zum Eindringen regurgitirender Speisereste oder von Rachenschleim in die Luftwege führen und dadurch zu lobulären Pneumonien und Lungenbrand Veranlassung geben. Verletzung der hinteren Rachenwand oder des Oesophagus mit Vereiterung des retropharyngealen Zellgewebes, Eitersenkungen und Verjauchung im mediastin. post. dürften nur bei besonders roher Manipulation vorkommen.

4) Bekämpfung der Schlaflosigkeit durch laue Bäder, namentlich prolongirte, durch Senfbäder und Priesnitz'sche Einwickelungen. Opium, Morphium, selbst Chloralhydrat als Hypnotica gebe man nur im Nothfall, sie sind hier durchaus nicht verlässlich, selbst in hohen Dosen. Bei Anaemischen erreicht man oft einen viel grösseren hypnotischen Effekt durch Spirituosa, namentlich kräftiges Bier.

5) Sorgfältige Ueberwachung aller Se- und Excretionen, Beachtung aller ätiologisch wichtigen Krankheitszu-

stände vegetativer Organe, namentlich des Digestions- und Genitalapparats und Behandlung derselben nach allgemeinen Regeln.

6) Anwendung der empirisch erprobten und symptomatisch geforderten Heilmittel. In erster Linie stehen hier laue, nach Umständen bis auf Stundendauer ausgedehnte Bäder von 25—27⁰ R. und das Opium, das besonders bei praecordialer und agitirter Melancholie, dann durch anaemische oder alkoholische Basis des Falls, Frischheit desselben, weibliches Geschlecht indicirt ist. Seine günstigen Wirkungen sind unverkennbar bei so beschaffenen Fällen und schon von Engelken, L. Meyer, Erlenmeyer u. A. zur Geltung gebracht. Die schädlichen Wirkungen, die Tigges, Richarz u. A. von dieser Opiumbehandlung gesehen haben, konnten wir nie constatiren. Man beginne mit Dosen von 0,05 grm. 2mal täglich und steige rasch, etwa um 0,02 alle 2 Tage. Selbst Dosen von 0,5 grm. 2mal täglich werden gut ertragen, wenn der Fall für Opiumbehandlung passt, und in geeigneten Proportionen gestiegen wird. Toxische Wirkungen werden dann nicht beobachtet, auch die anfänglich verstopfende Wirkung verliert sich bald und die Stühle werden breiig und reichlich. In Fällen, wo das Opium Magenbeschwerden macht, ist seine subcutane Anwendung in Form von extract. opii aquos. in wässriger Solution empfehlenswerth, falls seine Verbindung mit Amaris oder seine Darreichung in Malagawein nicht zum Ziel führt. Congestive Erscheinungen zum Gehirn contraindiciren unserer Erfahrung nach nicht an und für sich den Gebrauch der Opiate bei Melancholischen.